Die in diesem Führer beschriebenen Strecken wie dieses Buch
wurden mit aller Sorgfalt recherchiert, beschrieben und bebildert.
Auf potenzielle Gefahrenstrecken wird im Text hingewiesen, die Klassifizierung der Schwierigkeit
der zu befahrenden Teilstrecken geschah nach sorgfältiger Abwägung und nach bestem Wissen und Gewissen.
Dennoch müssen alle Angaben ohne Gewähr erfolgen.
Zudem ist Mountainbiken ein potenziell gefährlicher Sport,
bei dem eine realistische Einschätzung des eigenen Könnens und der aktuellen Situation
über die Sicherheit des Akteurs entscheidet. Dem Autor und Verlag ist es daher unmöglich, für Nachteile oder Schäden,
die aus den gemachten praktischen Hinweisen resultieren, eine Haftung zu übernehmen.

ISBN 978-3-00-051525-5
© 2016 by Ralf Glaser, www.trails.de, all rights reserved!

Alle Rechte vorbehalten. Nachdruck, auch auszugsweise, sowie Verbreitung durch Film, Funk und Fernsehen,
durch fotomechanische Wiedergabe und Datenverarbeitungssysteme jeder Art,
insbesondere die Publikation der Inhalte im Internet
ist nur mit schriftlicher Genehmigung des Autoren statthaft.

Texte, Fotos, Layout, Grafik, Kartografie und Druckvorstufe: Ralf Glaser
Kartendaten: Openstreetmap & Contributors ODBL,
Regione Liguria tipi forestali, idrografia, edifici CTR 1:5000 2010
Kartengrafik, Schummerung, Höhenlinien: Ralf Glaser
Druck: Lanarepro GmbH, Lana, www.lanarepro.com

www.trails.de/trailsbooks

Dank
an euch alle,
ohne euch hätte es dieses
Trails!BOOK nie gegeben:

Philip Walder, Fabrizio Inserra, Stefano Davarda,
Alessandro Trevisan, Alessio Gazzano, Angelo Viganò,
„Basetta", Christophe Mersault, Enrico Guala, Fulvio Balbi,
Giacomo Depaoli, Giuseppe Rebella, Ines Thoma, Ivo Camilli,
Luca Santini, Milena Poliani, Norma Gerbino, Pietro Paltani, Raffaele
Corrado, Riccardo Negro, Sonia Terazzi, Wojtech Globisch

VORWORT

Warum ich eigentlich keinen Bike-Guide über Finale schreibe? Manche Ideen sind so naheliegend, dass man nicht so leicht selbst darauf kommt. Diese hier kam an der Autobahnausfahrt nach Finale auf den Tisch, als ich in Gedanken schon auf der Piazza beim Nachmittags-Cappuccino saß. Und sie kam von meinem Südtiroler Trailbuddy Philip Walder, dessen Fahrkünste nicht nur den Titel dieses Guides, sondern auch diese Doppelseite zieren. Ehre, wem Ehre gebührt. Aber ja, warum schreibe ich keinen Bike-Guide über Finale Ligure? Weil Finale eins der am besten besuchten Freeride-Ziele Europas ist? Weil ich öfter zum Klettern hier war als zum Biken? Weil ich außer den üblichen, aus dem Shuttle erreichbaren Trails nur eine handvoll Strecken kenne? Zumindest die letzten beiden Punkte lassen sich ja ändern.

Immerhin waren mir die wenigen Tage, an denen ich in Finale Ligure das Freeride-Phlegma einmal abgelegt und stattdessen selbst in die Pedale getreten hatte, in bester Erinnerung geblieben.

Finale mag für seine Freeride-Trails bekannt sein. Aber allein schon das jährliche 24-Stunden-Rennen auf der Hochebene Le Mànie ist ein starkes Indiz, dass sich das Revier nicht auf seine Freeride-Trails reduzieren lässt.

Was sich zu „Finale außer Freeride" an Infos finden ließ, war zu diesem Zeitpunkt allerdings eher Appetithappen denn Anhaltspunkt. Ein fünfzehn Jahre alter, italienischer Guide der Locals Fulvio Balbi und Andrea Gallo. Ein deutscher Guide, der aber für meinen Gusto mehr

Fragen aufwarf, als er beantwortete. Ein Nachschlagewerk, das die Möglichkeiten vor Ort auch nur halbwegs erschöpfend beschreibt, war damals in weiter Ferne. **Mit diesem Bike-Guide** versuche ich, die beschriebene Lücke zu füllen. Aber trotz aller zeitweisen Erschöpfung während der Tourrecherche und bei der Umsetzung dieses Buches ist mir klar, dass ich höchstens beim „halbwegs" angekommen bin. Wer in Finale einmal bewusst auf den Shuttle verzichtet merkt bald, dass er bisher gerade einmal an der Oberfläche der Möglichkeiten vor Ort gekratzt hat. Der findet ein abenteuerliches Revier vor, das weit über die Grenzen des „Finalese" hinausreicht. Ein Revier, das die Freeride-Möglichkeiten Finale Ligures mit dem Faktor 10 ergänzt. **Das „Best of" aus zwei Monaten** Trailrecherche findest du in diesem Buch. Dabei sind alle Touren als „Rundtouren zum Selbertreten" beschrieben. Richtig leichte Touren sind kaum dabei, Ligurien ist ein anspruchsvolles Revier. Aber eins, das unvergessliche Erlebnisse bereit hält.

Viel Spaß dabei! Dein

22 Finale Ligure
Liguriens Trail-Dorado, in fünf Sektoren aufgeteilt.

Downloads

Zu diesem Bike-Guide erhältst du detaillierte GPS-Tracks aller Touren sowie Digitalkarten für die Nutzung auf Smartphones, Desktop-Computern und GPS-Geräten. Wie du an diese Daten kommst erfährst du auf Seite

13

100 Pietra Ligure & Albenga
Allmountain für Könner am Monte Carmo.

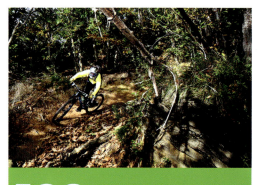

128 Calizzano
Die Alternative: coole Trails für heiße Tage.

148 Colle di Nava
Freeride Flow an der Grenze zum Piemonte.

INHALT

56 Le Mànie
Biken wie auf der Postkarte, von 24 Stunden bis EWS.

66 Melogno
Rollercoaster, Madonna della Guardia ... die Signature Trails!

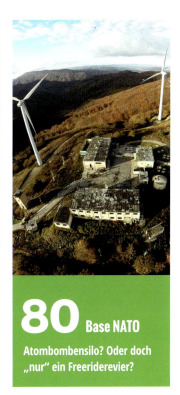

80 Base NATO
Atombombensilo? Oder doch „nur" ein Freiderevier?

Bewertung der Touren — **11**
Bitte lesen: nach dieser Systematik ist dieser Bike-Guide aufgebaut.

Download GPS & Digitalkarten — **13**
Zu diesem Guide gibt's gut 200 MB an Downloads. Wo und wie erfährst du hier.

Bike Hotels Finale Ligure — **90**
Auf der Suche nach einer Unterkunft? Hier findest du den perfekten Support.

GPS-Navigation — **12**
Sinnvolle Apps für die Nutzung der Bonusdaten dieses Bike-Guides.

Übersichtskarte — **14**
Hier findest du alle Tourensektoren dieses Guides in einer übersichtlichen Karte.

Trails! BOOKs — **162**
In eigener Sache: die anderen Guides der Reihe bieten noch viel mehr epische Trails.

So nutzt du dieses Trails!BOOK

Finale Ligure und seine benachbarten Regionen bieten ein extrem lohnendes und abwechslungsreiches Trailrevier. Allerdings sind wirklich leichte Touren eher rar. Ligurien ist anspruchsvoll. Trotzdem finden sich für jede Spielart des Mountainbikens lohnende Touren. Damit du die richtige Tour für dich schnell findest, ist hier kurz die Systematik dieses Bike-Guides erklärt.

Flow pur? Ja. Allerdings setzen die meisten Trails in Ligurien ein gewisses fahrtechnisches Niveau voraus.

Ein Geheimtipp ist Finale nun wirklich schon länger nicht mehr. Analog zur Entwicklung am Gardasee wurde das Revier an der ligurischen Küste zuerst von den Kletterern entdeckt. Die Biker kamen erst wesentlich später, dann aber mit Macht. Möglich wurde dies durch die beharrliche Aufbauarbeit der Locals, die systematisch alte Wege im Hinterland ausgruben und für das Freeriden optimierten. Wettkämpfe wie die „24 Stunden von Finale", Superenduro oder schließlich die Enduro World Series trugen dazu bei, die Kunde von diesem Trail-Dorado in die Welt zu tragen. Der sportliche Stellenwert der genannten Wettkämpfe lässt es allerdings schon erahnen. Begeisterung rufen die Trails um Finale Ligure vor allem bei Mountainbikern hervor, die ihr Sportgerät gut bis sehr gut beherrschen, und entsprechend anspruchsvolle Strecken suchen. Das durchschnittliche fahrtechnische Niveau der Finale-Besucher ist sehr hoch. Wer einfach gemütlich und stressfrei seine Runden kurbeln will, sollte sich vielleicht eher nach einem anderen MTB-Revier umsehen. Die typische Ligurien-Tour hält einen oder mehrere auf hohem Niveau flowigen Trail und oft genug auch reichlich steile und fordernde Anstiege parat. Ausnahmen gibt's, aber die bestätigen nur die Regel. Wer allerdings Mountainbiken als Herausforderung sieht; wer einzusehen bereit ist, dass bei einem Sparring Mensch-Trail auch mal der Trail Sieger bleibt; wer die eine oder andere Schiebepassage mit Humor zu nehmen bereit ist und sich stattdessen an der Landschaft erfreut – der findet vor Ort zahlreiche Touren vor, die das Zeug haben, zu den Highlights eines jeden MTB-Jahres gezählt zu werden. Und wer das geforderte Niveau drauf hat und es sich besorgen will, der sowieso!

www.trails.de

Die GPS-Daten zu allen Touren in diesem Bike-Guide findest du im Netz. Und aktuelle Informationen dazu. So ein gedrucktes Buch hat einen Wert an sich, selbst in noch so digitalen Zeiten. Das Problem: ist das Buch einmal gedruckt, dann ist der Status Quo bis zur Neuauflage zementiert. Aber wozu gibt's das Netz? Auf meiner Webseite **www.trails.de** findest du regelmäßig aktualisierte Infos und viele wertvolle Planungshilfen, die in einem Printmedium nicht zu realisieren sind.

Tourcharakter

MTB-Touren objektiv zu bewerten ist extrem schwierig. Der eine kurbelt auf seinem Carbon-Hardtail 2000 Höhenmeter ab wie nix, kommt aber auf dem Trail an sein Limit. Der andere fährt wie ein junger Gott, aber bergauf treten ist nicht sein Ding. Welche Tour ist nun schwerer? Die mit den vielen Höhenmetern oder die mit dem schweren Trail? Da sich letztlich nur Touren desselben Charakters sinnvoll vergleichen lassen, sind die Touren in diesem Guide in vier Klassen eingeteilt.

Renommierte Wettkämpfe wie die Enduro World Series tragen ihren Teil zum Bekanntheitsgrad von Finale Ligure bei.

Crosscountry
Auf diesen Touren steht der sportliche Aspekt im Vordergrund. Singletrails und fahrtechnische Schwierigkeiten können durchaus vorkommen. Sie sind aber nicht charakteristisch für die Tour.

Allmountain
Eine „AM" Tour sucht den maximal möglichen Singletrail-Anteil und meidet asphaltierte Straßen wo es nur geht. Um den Trailhead zu erreichen werden auch Schiebe- und Tragepassagen in Kauf genommen. Oft führen solche Touren durch abenteuerliches Gelände und bergen ein gewisses Risiko.

Enduro
Auch hier geht's um einen hohen Trailanteil. Um Kraft für die Trails zu sparen führen die Aufstiege aber meist über asphaltierte Straßen. Mögliche Gegenanstiege, auch auf Trails, machen die Touren konditionell anspruchsvoll. Enduro eben!

Freeride
Mit dem Shuttle hoch, per Gravity auf anspruchsvollen Strecken runter. Die ideale Freeride-Tour hat Null Höhenmeter.

Bewertung der Touren

Mit Blick auf den Charakter der Tour ist schon einmal ein grober Überblick gegeben. Das Label gibt Aufschluss, auf welche Art von Schwierigkeiten man sich unterwegs einzustellen hat, und ob die Tour der Tagesform und den persönlichen Vorlieben entspricht. Im Folgenden wird die Tour dann weiter aufgeschlüsselt.

Tourlevel

Die Bewertung des Tourlevels mit Graden von 1 (easy) bis 5 (extrem) ist als Gesamtschwierigkeit der Tour zu verstehen. Hier ist wichtig, das Level im Kontext mit dem Tourcharakter zu lesen. Eine CC-Tour mit Level 5 wird vor allem krass anstrengend sein, etwa durch steile und/oder lange Anstiege. Eine AM-Tour mit Level 5 ist konditionell äußerst anstrengend, zudem warten auch sehr schwierige, nicht selten riskante Trails. Ein Freeride Level 5 (gibt's nicht in diesem Guide) ginge dann eher in Richtung freier Fall ... Allgemein kannst du davon ausgehen, dass dich ab Level 3 eher kein Spaziergang mehr erwartet.

Schwierigkeit im Detail

Durch die Angabe von Tourcharakter und Tourlevel kannst du schnell entscheiden, ob die Tour überhaupt für dich infrage kommt. Der Gedanke dahinter ist, die Infos möglichst schnell „scannbar" zu machen, statt sie in einem Text zu verstecken. Entsprechend wurde auch bei den weiteren Bewertungen wo immer möglich mit Symbolen gearbeitet.

Schwierigkeit

Kondition

Fahrtechnik

Je weiter der blaue Balken nach rechts ausschlägt, desto schwieriger wird's. Allerdings gilt auch hier: die Bewertungen sind relativ zum Charakter der Tour. „Konditionell mittelschwer" bedeutet bei einer CC-Runde etwas anderes als bei einer Freeride-Tour. Im Zweifelsfalle kannst du aber mit Blick auf die Angaben von Strecke, Höhenmetern und Zeit genauer eingrenzen, wie der Balken zu interpretieren ist.

Singletrails obligatorisch
| S0 | S1 | S2 | S3 | S4 | S5 |

Die Trailschwierigkeit wird im Großen und Ganzen mit Hilfe der Singletrailskala ausgedrückt. Da die Singletrailskala aber keinen Unterschied zwischen „längeren Abschnitten" oder „Schlüsselstellen" macht, kommt hier eine kleine Variante der Skala zum Einsatz. Ist ein Singletrail-Grad „obligatorisch" so bedeutet dies, dass dieser Grad auf längeren Strecken erreicht wird. Wenn du diesen Grad nicht fahren kannst, wirst du auf den Trails meist schieben müssen. Die Tour macht dann für dich eher keinen Sinn.

Singletrails maximal
S0 S1 **S2** S3 S4 S5

Anders sieht es aus, wenn ein Grad als „Singletrail maximal" erreicht wird. Dies bedeutet, dass lediglich kurze Schlüsselstellen in diesem (dann aber meist recht hohen) Grad zu erwarten sind. Ergo: selbst wenn du den geforderten Schwierigkeits-

Nicht leicht zu fahren, aber relativ leicht zu finden: die Trails in Ligurien sind meist bemerkenswert gut markiert!

Die Singletrailskala

Sie taugt sehr gut für die Beurteilung von Schwierigkeiten auf Singletrails, wird aber **häufig fehlinterpretiert**. **Vorsicht:** Die Skala betrachtet ausschließlich Singletrails und tut so **als gäbe es unterhalb von Trails keine Schwierigkeiten**. Ein „S2" auf einer Skala von 0 bis 5 wirkt als wäre es einfach. Ein S2-Trail ist aber ein durchaus ernstzunehmender, anspruchsvoller Trail. Bitte informiere dich unter **www.singletrailskala.de**

grad nicht drauf hast, kommt die beschriebene Tour für dich trotzdem infrage. Immer vorausgesetzt natürlich, dass die Schwierigkeitsangabe unter „Singletrails obligatorisch" deine Kragenweite ist. Und dass es für dich okay ist, wenn du unterwegs auf ein paar kurzen Stellen aus dem Sattel musst. **Wenn du also sicher sein willst,** dass du auf Tour alles fahren kannst, dann wähle deinen gewünschten Grad in der Spalte „Singletrails maximal". Wenn ein paar kürzere Schiebepassagen auf Tour okay sind, kannst du dich auch an „Singletrails obligatorisch" orientieren.

GPS-Navigation

In Sachen Wegfindung setzt dieser Bike-Guide konsequent auf die Nutzung von GPS. Die mitgelieferten Daten kannst du problemlos auch auf einem Smartphone nutzen.

Die Digitalkarten zu diesem Guide liegen in zwei verschiedenen Formaten vor. Für die Nutzung auf **Garmin-GPS-Empfängern** und Desktop **Computern** ist das „KMZ" Format von Google Earth gedacht. Mit Hilfe von **Google Earth** kannst du die Touren auch in 3D darstellen und sogar „abfliegen".

Leider ist die mit diesem Dateiformat darstellbare Fläche begrenzt. Daher ist die Karte in mehrere Blätter aufgeteilt. **Für die Nutzung auf Smartphones** dient die Karte im „mbtiles" Format, eine zoombare, voll offline-fähige Karte. Empfehlenswerte Apps für deren Nutzung sind **„Oruxmaps"** für **Android** und **„Galileo Offline Maps"** für **iOS**, beide Programme sind kostenfrei. Eine Anleitung findest du im Download-Pack.

Genussfaktor

Fahrspaß

Adventure

Schwierigkeiten sind das Eine, ob eine Tour Spaß macht, ist damit noch nicht gesagt. Nun, Spaß ist natürlich relativ und vor allem subjektiv. Gehe davon aus in diesem Buch nur Touren zu finden, die einem gewissen Mindestmaß an Hedonismus genügen. Auch ob eine hohe Bewertung in der Spalte „Adventure" eher gut ist oder abschreckend, ist eine sehr subjektive Entscheidung …

Finalmarina, 44.169 N, 8.346 O

Zu guter Letzt findest du in der Infospalte dann noch die Angabe des Start-/Zielortes der Tour. Dieser ist zwar meist ohnehin aus den daneben stehenden Detailkarten ersichtlich, aber da doppelt besser hält, gibt's auch noch die passenden Koordinaten dazu.

Tourbeschreibungen

Bei aller Liebe zur Systematik lässt sich natürlich nicht jede Information in ein Diagramm pressen. Deshalb sind alle Touren auch mit einem kurzen Infotext beschrieben. Manch einer wird diesen Text vielleicht als etwas zu kurz gefasst empfinden. Das ist Geschmacksache, aber letztlich eine bewusste Entscheidung. Statt dem Leser jeden Meter einer Tour vorzukauen, möchte ich dir gerne den Raum für Überraschungen und eigenes Entdecken lassen.

Orientierung

Eine präzise Tourenbeschreibung anzufertigen ist eine Kunst. In den meisten Bikeguides auf dem Markt wird diese Präzision durch sogenannte „Roadbooks" simuliert. Harte Worte. Aber seien wir ehrlich: bei einer leicht zu findenden Tour braucht man keine Roadbooks. Wenn es kompliziert wird, sind sie eher Hindernis als Hilfe. Nach sieben veröffentlichten Bike-Guides habe ich mich dazu entschlossen, dieses Buch im 21. Jahrhundert anzusiedeln und den Ballast „Roadbook" über Bord zu werfen. Die Touren findest du mit Hilfe der mitgelieferten GPS-Daten und Digitalkarten zuverlässiger und vor allem stressfreier. Du hast kein GPS-Gerät? Mithilfe deines Smartphones kannst du die Daten trotzdem problemlos nutzen. Wie du an die Daten kommst, erfährst du im Kasten hier rechts, welche Apps du brauchst links.

Download-Package

Für den Download der Bonusdaten zu diesem Guide musst du eine kleine Login-Abfrage beantworten. Auf der Login-Seite wird dir dazu eine Frage gestellt, die du mit dem Buch in der Hand leicht beantworten kannst, z.B. „Wie heißt die Headline auf Seite 16?" Gibt hier das Wort „Trail-Dorado" ein und der Download ist freigeschaltet.

GPS-Tracks: Die Tracks liegen im GPX-Format vor, mit dem die meisten Programme und Apps umgehen können. Die Waypoints zu den Touren sind in den Tracks bereits enthalten.
Waypoints: Manche Programme machen beim Öffnen „gemischter" GPX-Tracks Probleme. Sollte das der Fall sein findest du einen Ordner mit je einer Waypoint- und einer Trackdatei für jede Tour.
Digitalkarten: Die Karten liegen in zwei Formaten vor. KMZ ist für Google Earth auf Desktop Computern und Smartphones sowie auf Garmin-GPS-Geräten gedacht, die „mbtiles" Dateien für die Nutzung mit GPS-Apps auf dem Smartphone.

Der Link zum Download:
www.trails.de/liguria-trails

Freeride und Roadbook? Passt nicht. Mit den GPS-Tracks dieses Guides kannst du dich auf den Trail konzentrieren.

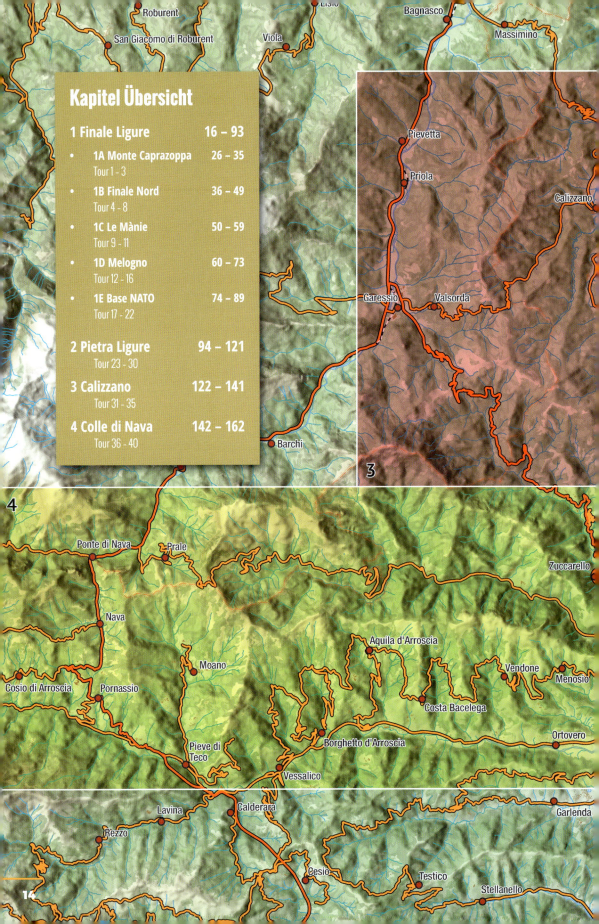

Kapitel Übersicht

1 Finale Ligure   16 – 93
- **1A Monte Caprazoppa**   26 – 35
  Tour 1 - 3
- **1B Finale Nord**   36 – 49
  Tour 4 - 8
- **1C Le Mànie**   50 – 59
  Tour 9 - 11
- **1D Melogno**   60 – 73
  Tour 12 - 16
- **1E Base NATO**   74 – 89
  Tour 17 - 22

2 Pietra Ligure   94 – 121
  Tour 23 - 30

3 Calizzano   122 – 141
  Tour 31 - 35

4 Colle di Nava   142 – 162
  Tour 36 - 40

„ *Finale Ligure ist perfekt für mein Training: mit dem Auto erreichbar, dazu gibt's ein geniales Trail- und Shuttle-Angebot, Meerespanorama inklusive. Dann noch Café, Brioche und Insalata di Mare … Dolce Vita pur!* Ines Thoma

LIGURIENS
TRAIL-DORADO

Finale Ligure ist das Traumziel der europäischen Freeride-Szene. Der Mountainbike-Boom ist ein Segen für den Ort. Und bringt doch auch einige Schwierigkeiten mit sich.

FINALE LIGURE, DIE „OUTDOOR HAUPTSTADT" EUROPAS

So steht es am Ortsschild zu lesen. Und nirgendwo prägen Outdoorsportler das lokale Straßenbild wie hier.

Einen wahrhaft dicken Pflock rammen die Stadtväter von Finale Ligure da ein. Das Selbstverständnis, die „Outdoor Hauptstadt Europas" zu sein, ist nicht eben unbescheiden. Dennoch scheint etwas dran zu sein. Sicher ist Finale Ligure beileibe nicht der einzige Ort in Europa, der von Outdoorsportlern gerne frequentiert wird. Doch an kaum einem anderen Ort prägen die Funktionswäscheträger so prägnant das Stadtbild, tragen so stark auch zum wirtschaftlichen Gedeien ihres Gastortes bei wie in diesem Teil Liguriens. Wer einmal in Finale war, egal ob zum Klettern oder zum Biken, kommt meist wieder. Und meist sind dann auch ein paar Novizen mit dabei die, von der Mund-zu-Mund-Propaganda neugierig gemacht, ihrerseits allsbald der Faszination dieses Landstriches verfallen. Sportdisziplinen übergreifend zählt Finale Ligure zu den Gegenden die man einfach kennen muss, um mitreden zu können. Was das Mountainbiken angeht, so zeichnen auch sportliche Großveranstaltungen, wie die seit 1999 ausgetragenen „24 Stunden von Finale", das „Finale Superenduro" Rennen und nicht zuletzt natürlich die Enduro World Series für die Popularität Finales bei den Sportlern verantwortlich. In Zahlen ausgedrückt: 2013, dem Jahr, in dem der Startschuss zur EWS fiel, waren die Übernachtungen von Gästen aus dem Ausland um satte 26,24 Prozent gestiegen. Tatsächlich benötigt man vor Ort keine Statistiken um zu erkennen, dass Finale Ligure gerade einen Boom erlebt. Haben wir es hier also mit einer echten Hauptstadt zu tun, in der sportliche Aktivitäten unter freiem Himmel gleichsam zur Staatsräson erhoben wurden?

Das Flair der mittelalterlichen Altstadt von Finalborgo macht einen großen Teil des Reizes beim Mountainbiking hier aus.

Trails vom Feinsten, bestens gepflegt

Manches deutet darauf hin. Doch die Erfolgsgeschichte ist älter als das aktuelle Ortsschild. Was Finale Ligure heute ausmacht, geht ursächlich auf die private Initiative einiger weniger Enthusiasten zurück. Visionäre, die sich auf eigene Faust aufmachten, das Potenzial dieses Landstriches für den Abenteuersport unter freiem Himmel zu erschließen. Und auch wenn inzwischen, dem wirtschaftlichen Erfolg sei Dank, einiges in Bewegung gekommen zu sein scheint, ist dies im Wesentlichen auch bis heute so geblieben. Doch eins nach dem anderen. Drehen wir die Uhr ein Stück weit zurück.

Den Anfang machten, wie so oft, die Alpinisten. Während der Fünfziger und Sechziger Jahre dienten die Felsen des Finalese noch hauptsächlich als Übungsgelände für die „richtigen Berge". Die erste systematische Erschließung der vertikalen Welt begann Anfang der Siebziger. Als „Stunde Null" gilt die Durchsteigung des Rocca di Perti bei Calice Ligure durch den Genueser Kletterer Alessandro Grillo, der in der Folge Dutzende Routen eher „klassischen" Zuschnitts erschloss. Mit dem Aufkommen der Sportkletterbewegung und des Bohrhakens erlebten die Felsen rund um Finale einen ersten Boom. Der Monte Cucco wurde zum Epizentrum, zu einer Art „Camp IV" der europäischen Kletterbewegung. Locale Climber, etwa Andrea Gallo, Marco Tomassini oder Fulvio Balbi (um stellvertretend nur drei zu nennen), erschlossen hunderte von Touren. Heute darf Finale mit gut 170 Sportklettersektoren und über 1000 gut ausgestatteten Routen zu den größten und wohl auch besten Klettergebieten Europas zählen.

Die Idee, Trails für das Biken zu präparieren, wurde in der lokalen Freeclimbing Szene geboren.

Für Mountainbiker relevant ist dieser kurze Diskurs in die Geschichte des Alpinismus, weil auch die Entwicklung hin zum Freeride-Paradies in der lokalen Kletterszene ihren Ursprung fand. Namentlich begann der eben schon genannte Fulvio Balbi, Inhaber des Rockstore in Finalborgo, als erster damit, die vielen Pfade durchs Unterholz des Finalese für Mountainbiker zu optimieren. Inspiriert durch eine Autorallye an der Base NATO kam Fulvio auf die Idee, das Prinzip „Prova Speciale" auf das Biken zu übertragen. Die Idee eines Rennens im Kampf gegen die Uhr auf einem definierten Vollgas-Abschnitt hatte es ihm angetan. Für einen im Freundeskreis ausgerufenen Contest musste natürlich ein guter Rennkurs her. So machte sich Fulvio daran, einen alten, fast vergessenen Pfad im Hinterland wieder gang- oder besser befahrbar zu machen. Seine damalige Kreation „Isallo Extasy" wird heute relativ selten befahren. Trotzdem gilt er als erster Freeride Trail Finale Ligures. Es war eine wegweisende Idee, mit der Fulvio ganz nebenbei auch das Prinzip der heutigen Endurorennen vorweg genommen hatte.

Trailbau als Herzensangelegenheit: Wie die meisten Trailbauer pflegt auch Ivo Camilli „seine" Trails unentgeltlich und aus Enthusiasmus.

> *Einen Trail* musst du von unten nach oben bauen. Nur so kannst du das Gelände lesen und siehst, wie das Wasser fließen wird. *Einen Trail* zu bauen bei dem das Wasser abfließt ohne ihn auszuhöhlen, und der mit einem Minimum an Bremseinsatz fahrbar ist – das ist die große Kunst!
>
> Ivo Camilli

DEN BOOM GESTALTEN

Finale hat eine Entwicklung vom verschlafenen Küstenort mit kurzer Saison zum Boom-Ziel hingelegt. Die Strukturen hinken dem noch hinterher.

Ein illegaler Trail mitten im Wald, extra für ein wildes Rennen gebaut? In Deutschland riefe eine solche Initiative wohl die Naturschutzbehörden auf den Plan. Doch Italien ist eine Radsportnation. In diesem Land toben sich ja selbst Motocrossfahrer weitgehend ungeregelt im Wald aus. Wer sich auf zwei Rädern und aus eigener Kraft fortbewegt, darf hier mit einiger Toleranz, ja sogar mit einem hohen Ansehen rechnen. So entstanden weitere Trails. Nicht zuletzt durch die Wettkämpfe wurden diese Trails zuerst landesweit, dann über die Grenzen Italiens hinaus bekannt. Die Sportler kamen. Befeuert durch die Nachfrage entwickelte sich eine Infrastruktur an Shuttles, die wieder weitere Sportler nach Finale lockte. Und parallel zu dieser Entwicklung wurde das Trailnetz immer feiner, die Trails immer besser, wurde Finale Ligure zum Traumziel der Freerider.

Aber wer baut diese Trails? Wer sorgt für ihren Unterhalt? Um die lokalen Trailbauer an den Fingern abzuzählen muss man mit Ach und Krach die zweite Hand aus der Hosentasche ziehen. Es sind vor allem einige wenige der Shuttleservices vor Ort, die die Last von Bau und Pflege der Trails tragen. Dazu gesellen sich eine Handvoll unbezahlt arbeitender Enthusiasten. Zur Finanzierung steuert die Vereinigung der Bikehotels von Finale Ligure ihr Schärflein bei. Nennenswerte Strukturen sind bis zur Drucklegung dieses Bike-Guides keine in Sicht. Sicher machte ab 2013 die C.I.P.S. von sich reden, das „unabhängige Komitee für die Sauberkeit auf den Wegen". Wegen ungenügender Unterstützung ruht dessen Arbeit aber seit Ende 2014, und wird von den ehemaligen Mitgliedern auf eigene Faust fortgeführt.

Doch Enthusiasmus ist endlich. Die Trails sind Finales Kapital, die Grundlage für den Bike-Boom. Es mehren sich die Stimmen, dass man nicht mehr bereit sei, den Erhalt dieses Kapitals als Privatangelegenheit zu behandeln. Im August 2015 kam es in der lokalen Presse zu einer Polemik mit der Forderung, dass die Gemeinde nicht nur in Events, sondern auch in den Erhalt der Wege investieren solle. Daraufhin wurde ein Pilotprojekt zu Erhalt und Pflege der Trails auf Le Mànie angekündigt mit dem Ziel, „die Aktivitäten nach und nach auf das gesamte Finalese auszuweiten". Bereits im Vorjahr hatte sich der Verein „Finale Outdoor Resort" gegründet, der sämtliche Belange des Outdoorsports koordinieren soll. Wird die „Outdoor Hauptstadt Europas" also zukünftig dem mit diesem Label einhergehenden Gestaltungsauftrag gerecht? Es wäre den Menschen zu wünschen, denen wir die Trails von Finale verdanken.

INFO FINALE LIGURE

Lage und Anreise
Finale Ligure liegt etwa 60 km von Liguriens Hauptstadt Genua entfernt und gehört zur Provinz Savona. Der Küstenort ist perfekt über die Autobahn und das Zugnetz angebunden.
Anreise mit dem Auto: Aus Deutschland ist in den meisten Fällen die Route durch die Schweiz und über den San Bernardino Pass sinnvoll.
Anreise mit dem Zug: Von Genua aus verkehrt stündlich ein Zug in Richtung Ventimiglia und hält auch in Finale Ligure. Die Anreise mit dem Zug ist relativ zeitraubend, aber immerhin möglich.
Anreise mit dem Flugzeug: Als Zielflughäfen bieten sich entweder Nizza in Frankreich oder Mailand bzw. Bergamo an. Für die Weiterreise von dort nach Finale Ligure mit dem Zug ist mindestens ein Zwischenstopp für's Umsteigen einzuplanen.

Beste Reisezeit
Finale Ligure ist ein Ganzjahres-Reiserevier. Zwar kann in höheren Lagen, etwa an der Base NATO, im Winter durchaus Schnee fallen, doch meist hält sich dieser nicht lange. Die Locals sind zwölf Monate im Jahr auf den Trails unterwegs. Allerdings sind die Monate November bis Februar die windigsten und niederschlagsreichsten. Die für Touristen interessanteste Jahreszeit für Finale beginnt im März, wobei dann noch viele Hotels geschlossen sind. Richtig los geht es meist ab Ostern. Wer auf die Ferien angewiesen ist, sollte sich sein Quartier und den Platz im Shuttle rechtzeitig vorreservieren. Die beste Reisezeit beginnt ab Mitte April und dauert bis Ende Juni. In den Monaten Juli und August wird es vor Ort nicht nur extrem heiß, es sind dies auch die beiden Monate mit der höchsten Besucherfrequenz, da hier in ganz Italien Urlaubszeit herrscht. Ort, Strände und Hotels sind dann überfüllt, das Preisniveau steigt stark an. Ab Anfang September bis Ende Oktober beginnt wiederum eine gute Reisezeit. Es ist warm und gleichzeitig lässt sich auf stabile Schönwetterperioden hoffen.

Das ideale Bike
Finale Ligure ist auch für seine Enduro-Wettkämpfe bekannt. Da je nach Tour auch Gegenanstiege bewältigt werden müssen, ist vor Ort dem entsprechend auch ein Enduro-Fully mit 160 Millimeter Federweg die ideale Wahl. In reinen Freeride-Sektoren wie der Base NATO trifft man durchaus auch Kollegen mit Downhill-Bikes an. Da allerdings selbst hier kaum Drops zu erwarten sind, ist ein langhubiges Bike eigentlich überdimensioniert. Je nach Tour

kann dagegen ein Bike mit weniger Federweg durchaus Vorteile bringen. Für Rundkurse auf der Hochebene Le Mànie wäre z.B. ein 29er mit 130 Millimeter Federweg ideal. Von Bikes mit weniger als 130 mm Federweg ist bei den Touren in diesem Bike-Guide abzuraten.

Shuttleservices

Vor Ort existiert eine sehr gut entwickelte Infrastruktur an Shuttleservices. Allerdings sind die Kapazitäten begrenzt, sodass man sich bis ca. 16 Uhr des Vortages um seinen Platz gekümmert haben sollte. Der Service umfasst meist nicht nur den reinen Transport, sondern auch die Begleitung durch einen ortskundigen Bike-Guide. Der durchschnittliche Preis für diesen Service von 45 Euro ist dafür extrem günstig. Zudem sind es die Shuttleunternehmer, die für den Bau neuer und den Erhalt der bestehenden Trails sorgen. Bitte seht im Gegenzug von „Self Shuttle" Aktionen ab und nehmt den Service der Shuttles in Anspruch. Hier eine Auswahl, in alphabetischer Reihenfolge und ohne besondere Empfehlung:

- **Cascina del Groppo** www.cascinadelgroppo.com
- **Elica Ride** www.elicaride.com/elicaride
- **Eze Freeride** www.ezefreeride.com
- **Finale Freeride** www.finaleligurefreeride.com
- **Just Ride** www.justridefinale.com
- **Ride Extreme** www.ride-extremefinaleligure.com
- **Ride on Noli** www.rideonnoli.com

Bikeshops

Vor Ort finden sich viele Bikeshops, hauptsächlich in den Ortsteilen Finalmarina und Finalborgo. Die meisten sind auf Enduro und Freeride eingestellt und halten die üblichen Ersatzteile parat. Wer jedoch z.B. seltene Bremsen hat, sollte eigene Beläge mitnehmen.

Landkarten

Die offizielle Bikekarte der Bikehotels Finale Ligure ist brauchbar und vor Ort erhältlich. Empfehlenswert ist die relativ neue Karte „Fraternali Editore, Finalese" im Maßstab 1:25.000

Übernachtung

Die Bikehotels Finale Ligure bieten Unterkünfte aller Kategorien und Preisklassen. Infos und Booking unter www.bikehotelsfinaleligure.it

Mehr Infos

Allgemeine Reiseinfos unter www.visitfinaleligure.it/de

FINALE LIGURE – SEKTOR 1
CAPRAZOPPA

Finales Hausberg bietet ein forderndes Trailrevier voller Relikte antiker Kulturen.

Der Monte Caprazoppa beherrscht mit seinen schroffen Felsabstürzen, bewaldeten Steilhängen und dem Genueserturm die „Skyline" Finale Ligures wie kein anderes Bergmassiv im Rund. Auch wenn sein Name (capra zoppa = lahmende Ziege) es nicht vermuten lässt, ist er doch zumindest mittelbar namensgebend für die Gemeinde Finale. In Zeiten vor der Erfindung des Straßentunnels bildete der Berg ein schwer zu überwindendes Bollwerk und damit gleichsam eine natürliche Grenze. Zum Zeitpunkt der Namensgebung war dies die Grenze des damaligen römischen Reiches. Die Siedlung wurde folglich „Ad Fines" getauft (= „an der Grenze"), woraus sich „Finale" entwickelte. Unter diesem Namen wurde der Ort im Jahr 967 erstmals erwähnt. Mountainbike Touren auf den Monte Caprazoppa sind kurz, aber intensiv. Steile Anstiege und fordernde, mit Steinstufen gespickte Trails verlangen die volle Aufmerksamkeit. Es scheint ratsam, die Augen nicht zu sehr vom Trail zu nehmen. Dies sollte aber nicht schwer fallen, da diese meist durch dichtes Unterholz verlaufen und nur wenige Ausblicke aufs Meer gestatten.

Meist steckt man am Caprazoppa in dichter Macchia. Doch an einigen Punkten lässt sich ein tolles Panorama über den Golf von Loano genießen.

Sich für eine Exkursion auf den Monte Caprazoppa mehr Zeit zu nehmen als es die reine Tour verlangt, lohnt aber durchaus. Der Berg ist voller interessanter Relikte und erzählt Geschichten aus weit zurück liegenden Zeiten. Dies beginnt schon mit dem Anstieg von Finalborgo. Und mit einem Missverständnis. Tatsächlich folgt die dortige „Römerstraße" nur im ersten Abschnitt der antiken Via Aurelia. Der Steilanstieg zum Monte Caprazoppa entstand in seiner heutigen Wegführung erst im Mittelalter als Zugang zu den Steinbrüchen am Berg. Die Straße trägt auch den Beinamen „Strada Napoleonica", da sie 1795 nach der Schlacht von Loano für die Französischen Truppen strategisch bedeutsam wurde.

Auf der Hochebene angekommen zeugen zahlreiche, von Steinmauern eingefasste Terrassen davon, dass der Monte Caprazoppa einst intensiv für die Landwirtschaft genutzt wurde. Nicht ganz so leicht stolpert man über die weit interessanteren Spuren der damaligen Kultur. Vor allem auf Tour 1 lohnt es sich, die Augen offen zu halten. Bereits kurz nach dem höchsten Punkt stößt man auf einer freien Fläche auf die Überreste des „Castellaro di Verezzi". Zusammen mit diversen megalithischen Artefakten, wie dem Menhir am Torre Bastia oder dem nahen Dolmen von Verezzi ist das Castellaro Zeugnis der Besiedelung Liguriens im Altertum. Vom Castellaro, einer Verteidigungsanlage

aus der Eisenzeit (ca. 900 - 800 v.Chr.) sind noch die Grundmauern und viele in den Stein gemeißelte Zeichen erhalten. **Nur wenig später, kurz nach dem Steinkreuz** rechterhand (hier wartet ein atemberaubender Blick über den Golf von Loano) stößt man auf die gut erhaltene „phönizische Windmühle". Die Besonderheit dieser Mühle liegt darin, dass die Flügel nicht außen, sondern im Turm selbst angebracht waren. Der Wind konnte über verschiedene Öffnungen auf diese „antike Turbine" geleitet werden, so dass die Mühle bei jeder Windrichtung funktionierte. Das offensichtlichste Zeichen alter Kulturen ist aber die Pfarrkirche „San Martino" mit ihrem unvergleichlichen Panorama. Sie wurde 1625 auf den Resten eines Hospizes errichtet und kombiniert als Besonderheit einen romanischen Kirchturm mit einem Kirchenschiff, in dem barocke Einflüsse dominieren. Doch dies sind nur die offensichtlichsten Beispiele. Wer auf den hier beschriebenen Touren die Augen offen hält, entdeckt noch einiges mehr.

Die Trails sind fordernd und verlangen die volle Aufmerksamkeit. Doch Augen auf, der Caprazoppa steckt voll interessanter Spuren alter Zeiten.

TOUR 1

LEVEL 2 ↔ 14,2 km ↑ 330 Hm ↓ 330 Hm ⏱ 02:15 h

Schwierigkeit

Kondition

Fahrtechnik

Singletrails obligatorisch
| S0 | S1 | S2 | S3 | S4 | S5 |

Singletrails maximal
| S0 | S1 | S2 | S3 | S4 | S5 |

Genussfaktor

Fahrspaß

Adventure

➡ Finalmarina, 44.169 N, 8.346 O

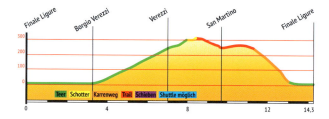

Caprazoppa easy

„Easy" ist relativ. Mit der für den Monte Caprazoppa typischen Mischung aus gestampfter Erde und Felspassagen warten auch die Trails auf dieser Tour auf. Immerhin geht es über die leichteste aller möglichen Abfahrten wieder Richtung Strand – Meeresblick inklusive.

Die Standard-Auffahrt zum Caprazoppa führt von Finale über die viel befahrene SS490 Richtung Autobahn und von dort weiter über den Ort Gorra. Ich hasse diesen Uphill! Zugegeben, auch die ersten drei Kilometer dieser Tour führen mit der Via Aurelia nicht eben durch eine verkehrsberuhigte Zone. Aber immerhin rollt man hier am Meer entlang! Zudem, und das ist das große Plus wenn man den Monte Caprazoppa von hinten bepirscht, ist die Straße hoch zu dem kleinen Weiler Verezzi ein echter Hin- oder besser gesagt Ferngucker. Während der Auffahrt über neun Kehren und gut 250 Höhenmeter hat man den kompletten Golf um Pietra Ligure mitsamt der Abhänge des Monte Carmo im Blick. Ganz zu schweigen davon, dass man die Höhenmeter mit weit weniger Dieselinhalationen absolviert. Ist das letzte Steilstück zum höchsten Punkt der Hochebene abgehakt, beginnt der Spaß. Die Trails hinunter zur Wallfahrtskirche San Martino sind sehr flowig zu fahren. Dies gilt auch für die eine oder andere felsdurchsetzte Passage, immer vorausgesetzt, dass man dort die richtige Linie erwischt. Die Abfahrt über die Strada Caprazoppa ist zum Teil relativ breit. Durch manch geröllige Passage fährt sie sich aber eher wie ein Trail als wie eine Forststraße. Also viel Spaß!

TOUR 2

EN ENDURO

LEVEL 5 | ↔ 23,7 km | ↑ 825 Hm | ↓ 825 Hm | ⏱ 04:00 h

Schwierigkeit

Kondition

Fahrtechnik

Singletrails obligatorisch
S0 S1 **S2** S3 S4 S5

Singletrails maximal
S0 S1 S2 **S3** S4 S5

Genussfaktor

Fahrspaß

Adventure

↪ Finalborgo, 44.176 N, 8.328 O

EWS 3 Stages

Wer auf die Schnelle wissen möchte, was auf der Enduro World Series geboten ist, kann sich auf dieser Tour vom durchschnittlichen Niveau der Stages selbst überzeugen. Hier geht's ganz schön zur Sache. Die Trails haben es in sich, und die Anstiege fordern nicht minder ...

Die Tour bietet ein Potpourri aus Anstiegen und Trailabfahrten der EWS Editionen von 2013 bis 2015. In „normalen Jahren" lässt man in Finale Gnade walten und führt den ersten Transfer über den Ort Gorra. Nicht so 2014: Da stand der elend steile und teils verblockte Anstieg über die Strada Caprazoppa mit auf dem Programm. Viel Spaß bei dieser Plackerei! Der erste Trail führt als Belohnung sehr flowig hinunter nach Borgio Verezzi. Es handelt sich hier um den finalen Abschnitt des „Bondi Trails", der für die 2015er Auflage der EWS hergerichtet wurde. Wenn ihr den zweiten Anstieg von Borgio Verezzi absolviert habt, will ich euch zur Belohnung natürlich nicht den Start des Bondi Trails vorenthalten. Dieser bietet zwar einige knifflige Passagen in denen man sich die Ideallinie zwischen Felsblöcken suchen muss, verläuft aber mit relativ wenig Gefälle. Das bleibt aber nicht so. Nach dem Zwischenstopp an der Kirche San Martino geht unsere Route in die Stage 4 von 2013 über. Eine elend steile Direttissima-Abfahrt nach Finalborgo, die Nerven, Fahrtechnik und Bremsen aufs Äußerste fordert. Wer diese Prüfung hinter sich hat, den wird die letzte Abfahrt über den „Dolmen" Trail über San Bernardino, wiewohl keineswegs geschenkt, auch nicht mehr schrecken.

TOUR 3

LEVEL 3   ↔ 10,3 km   ↑ 330 Hm   ↓ 330 Hm   ⏱ 01:45 h

Schwierigkeit

Kondition

Fahrtechnik

Singletrails obligatorisch
| S0 | **S1** | S2 | S3 | S4 | S5 |

Singletrails maximal
| S0 | S1 | S2 | **S3** | S4 | S5 |

Genussfaktor

Fahrspaß

Adventure

➡ Finalborgo, 44.176 N, 8.328 O

Caprazoppa Classic

Wer für den Aufstieg zum Monte Caprazoppa den Asphalt meiden will, hat genau eine Möglichkeit: die Caprazoppa Straße. 300 Höhenmeter Anstieg sind nicht die Welt, sollte man meinen. Doch Vorsicht, dieser Anstieg ist gefürchtet.

Wer im Sattel bleiben will wird für die tolle Aussicht auf dem Anstieg zum Monte Caprazoppa kaum ein Auge haben. Der Anstieg beginnt recht human, steilt sich dann aber beträchtlich auf. Und weil's ja sonst gar zu langweilig wäre, wird der Untergrund recht bald grob, steinig, löchrig. Puuh. Wenn du nicht gerade mit dem Messer zwischen den Zähnen geboren bist, lass es langsam angehen. Wenn du ein paar hundert Meter schieben musst bist du in guter Gesellschaft. Da es ja, wie gesagt, knapp 300 Höhenmeter sind, ist die Pein ohnehin schnell vorbei. Der erste Trailabschnitt führt durch dichte Macchia. Ein paar Kratzer werden sich kaum vermeiden lassen. Erst weiter vorne beginnt einer der für den Monte Caprazoppa typischen Trails aus roter Erde und Fels, eingeschlossen unter einem dichten Blätterdach. Eine kurze, aber schön flowige Abfahrt führt nun zur Wallfahrtskirche San Martino mit ihrem fantastischen Ausblick. Lass es auf dem Karrenweg nach Verezzi bitte langsam angehen, hier sind viele Fußgänger unterwegs. Ein kurzer Gegenanstieg führt zur finalen Trailabfahrt. Hier ist viel Flow und Spaß geboten. Lediglich die Einfahrt in die Hauptstraße unten ist etwas unangenehm. Am besten, du gehst hier kurz aus dem Sattel.

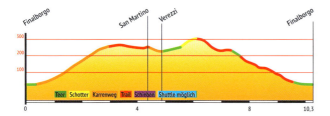

FINALE LIGURE - SEKTOR 2

FINALE NORD

Im Norden von Finalborgo finden sich zahlreiche Spuren einer frühgeschichtlichen Besiedelung Liguriens, denen man auf Tour begegnet.

Der Einfachheit halber wurden hier zwei relativ überschaubare, wenn auch in ihrem Charakter recht unterschiedliche Tourensektoren zu einem Kapitel „Finale Nord" zusammengefasst. Namentlich sind dies die Sektoren „I Ciappi" und „Pian Marino". Sie begrenzen das Flusstal des Torrente Aquila, das sich von Finalborgo nach Orco Feglino schlängelt. Zwar finden sich auf der Hochebene der „Ciappi" hinter San Bernardino zig Trails, die überwiegend auch sehr gut mit dem Bike befahrbar sind. Auf der anderen Seite existiert aber leider nur ein sinnvoller Anstieg zu dieser Hochebene, nämlich über die asphaltierte Straße von Finalborgo nach San Bernardino. Ergo könnte man theoretisch auch ein halbes Dutzend Touren dort oben beschreiben. Diese würden sich aber jeweils nur durch den gewählten Trail unterscheiden. Von daher kamen hier die drei subjektiv besten Trails zu Ehren und wurden in je eine Tour eingebaut. Ähnlich überschaubar ist auch der Sektor „Pian Marino", der den Höhenrücken zwischen Finalborgo und Orco Feglino auf der linken Seite des Torrente Aquila umfasst. Hier finden auch die Kletterer ein gutes Terrain. Der Rocca di Perti zählt zu den klassischen Sportklettersektoren Finale Ligures. Mountainbiker können hier zwischen

Der Blick vom Monte Tolla über die Kirche von Lacremà nach Finalpia lässt sich am Ausgang eines reichlich anspruchsvollen Trails genießen.

sieben klasse Trails auswählen, finden aber wiederum nur zwei Anfahrten (wenn man die Teerstraße Finalborgo-Orco Feglino hinzu zählen möchte).

Als Tourenziel sehr interessant ist die Hochebene der „Ciappi". Hier finden sich zahlreiche Relikte einer intensiven frühgeschichtlichen Besiedlung von Stein- über Bronze- bis hin zur Eisenzeit. Die offensichtlichsten Spuren lassen sich während Tour 6 auf dem „Ciappo delle Conche" bestaunen. Die vielen in den Fels gehauenen Kanäle, welche die natürlichen Felslöcher im Karstgestein miteinander verbinden, dienten wohl schlicht dem Auffangen von Regenwasser. Die genaue Bedeutung der vielen anderen Felsmeißeleien gibt jedoch Rätsel auf. Eine davon ähnelt deutlich einem Zug, stammt jedoch eindeutig aus einer Zeit vor Erfindung der Eisenbahn. Aliens? Den Schluss, dass dieser Ort für Riten genutzt wurde legen jedenfalls die drei in Stein gemeißelten Throne unterhalb eines Felsüberhanges in unmittelbarer Nähe nahe. Gleichzeitig Kultplatz, primitiver Kalender und Observatorium war wohl der Menhir am Bric Pianarella. Auf Tour 4

Am Menhir auf dem Bric Pianarella wird heute noch zu jeder Sonnwende dem antiken Sonnengott Belenus gehuldigt.

und 6 ist er mit einer kleinen Schleife eingebaut. Auf Bitte der Einheimischen sehe ich von einer genauen Zugangsbeschreibung ab. Mit einer gewissen Portion Abenteuergeist findet man ihn. Die Besonderheit des Menhirs ist ein exakt in Ost-West-Richtung eingelassenes Loch an dessen Spitze, durch das exakt am Tag der Winter- und Sommersonnwende die Sonne hindurch scheint. Man nimmt an, dass hier dem Sonnengott Belenus gehuldigt wurde. Zumindest ist dies heute so. Wer sich dafür interessiert, möge sich der Facebook-Gruppe „Belenus" anschließen. **Historisch ähnlich interessant** ist der Sektor „Pian Marino". Die Trails „Neandertal" und „Cro Magnon" deuten es an: Hier wurden besonders viele Spuren einer steinzeitlichen Besiedelung und viele Grabstätten aus dieser Zeit gefunden. Wer sich dafür interessiert, sollte dem Naturkundemuseum in Finalborgo einen Besuch abstatten. Offensichtlicher, da bereits von Finalborgo aus gut sichtbar, sind die beiden Burgen Castel Gavone und Castel San Giovanni aus dem 13. respektive 17. Jahrhundert. Und auch die „Chiesa dei Cinque Campanili", der man auf Tour 7 begegnet, ist wegen ihrer ungewöhnlichen Architektur mit gleich fünf Glockentürmen einen Zwischenstopp wert.

TOUR 4

LEVEL 3 ↔ 14,9 km ↑ 360 Hm ↓ 360 Hm ⏱ 02:15 h

Schwierigkeit

Kondition

Fahrtechnik

Singletrails obligatorisch
| S0 | **S1** | S2 | S3 | S4 | S5 |

Singletrails maximal
| S0 | S1 | S2 | **S3** | S4 | S5 |

Genussfaktor

Fahrspaß

Adventure

➪ Finalpia, 44.170 N, 8.353 O

Monte Tolla

Als Nachmittagsrunde kommt dieser Trailquickie über die Hochebene hinter San Bernardino genau richtig. Der geteerte Anstieg bietet Gelegenheit für einen schnellen Workout. Die Trails dagegen bringen viel Flow, aber auch ein paar enge, knifflige Kehren.

Dank vieler Kehren geht der geteerte Anstieg nach San Bernardino recht locker von der Kurbel. Sind die gut 250 Höhenmeter absolviert, wartet oben eine sehr abwechslungsreiche Runde. Schon der erste „Forstweg" fordert Einen ganz schön. Dieser ist zwar breit und nie übermäßig steil, doch manch verblockte Uphill-Passage verlangt nach forschem Tritt und trickreicher Linienwahl. Wo sich der Weg zum Trail verengt, beginnt der Spaß. Meist geht es auf komprimierter Erde sehr flowig dahin. Hin und wieder sorgen aber kurze Felspassagen für einen Hallo-Wach-Effekt. Die kleine Runde um den Bric Pianarella ist ein nettes Trailschmanckerl. Die meisten Biker fahren diese Runde im Uhrzeigersinn. Das ist wohl Geschmackssache, aber für meine Begriffe wird gegen den Uhrzeigersinn ein spaßigerer Schuh daraus. Aber Achtung! Ihr schwimmt dann gegen den Strom und müsst mit Gegenverkehr rechnen. Der nun folgende Abschnitt war einmal Teil des „Finale Superenduro". Dem entsprechend bietet der Trail viel Flow, aber auch kurze, fahrtechnisch sehr anspruchsvolle Stellen. Auch wenn ihr vielleicht nicht jede der sehr engen Kehren werdet fahren können: Die Flowpassagen in diesem wahren Zauberwald machen das allemal wett!

TOUR 5

LEVEL 4 ↔ 21,6 km ↑ 630 Hm ↓ 630 Hm ⏱ 03:30 h

Schwierigkeit

Kondition

Fahrtechnik

Singletrails obligatorisch
| S0 | S1 | **S2** | S3 | S4 | S5 |

Singletrails maximal
| S0 | S1 | S2 | **S3** | S4 | S5 |

Genussfaktor

Fahrspaß

Adventure

➜ Finalpia, 44.170 N, 8.353 O

San Bernardino - Le Mànie

Diese etwas ausgedehntere Halbtagestour verbindet die beiden Hochebenen von San Bernardino und Le Mànie. Hier warten viele flowige, aber auch ein fahrtechnisch sehr anspruchsvoller Trail ... und ein recht knackiger Anstieg.

Der erste Teil dieser Runde ist praktisch identisch mit der Wegführung der vorhergehenden Tour 4. Kurz vor dem Campo Rotondo teilt sich aber der Trail und es geht gehörig zur Sache. Der nun folgende Trail war einmal Stage bei der EWS. Auf entsprechende Schwierigkeiten sollte man sich einstellen. Größere Felsstufen, enge Kehren im steilen Gelände ... Mit vielen S3-Stellen ist der Trail konstant anspruchsvoll und bietet relativ wenige entspannte Rollpassagen. Wem das zu deftig sein sollte, fährt über den wesentlich weniger anspruchsvollen Trail aus Tour 4 nach Lacremà ab. Ist der Talgrund wiedergewonnen, beginnt sofort der recht fordernde Gegenanstieg zur Hochebene von Le Mànie. Die Tour folgt nun der „Strada degli Ponti Romani" bis zur zweiten Römerbrücke. Dort beginnt der anstrengendste Teil des Anstiegs bis zum Restaurant „Arma delle Mànie". Auch wenn ihr nicht einkehren wollt, lohnt ein Zwischenstopp für einen Besuch der Grotte unterhalb des Restaurants. Ein kurzes Stück geht es nun über Asphalt weiter, bis ihr in einer Kehre in die Trailabfahrt nach Finalpia einfädeln könnt. Der „La Briga" Trail bietet genau die richtige Mischung aus Flow und anspruchsvollen Stellen, um diese Runde mit einem Grinsen auf den Lippen zu beenden.

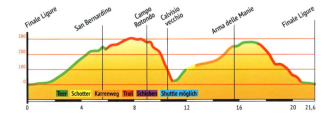

AM ALLMOUNTAIN

TOUR 6

LEVEL 4 | ↔ 25,3 km | ↑ 770 Hm | ↓ 770 Hm | ⏱ 04:15 h

Schwierigkeit

Kondition

Fahrtechnik

Singletrails obligatorisch
S0 | S1 | **S2** | S3 | S4 | S5

Singletrails maximal
S0 | S1 | S2 | S3 | **S4** | S5

Genussfaktor

Fahrspaß

Adventure

➤ Finalpia, 44.170 N, 8.353 O

I Ciappi

Der Weg über die charakteristischen Felsplatten „I Ciappi" ist, wenn wir mal ehrlich sind, ganz schön garstig. Aber unbedingt lohnend, und zwar nicht nur in Sachen Mountainbike sondern auch für alle, die sich für kuriose Orte interessieren.

Vielleicht werde ich alt. Aber vor zehn Jahren hätte ich wohl genauso wenig kapiert wie es diese Finale-Klassikertour geschafft hat, allgemein als „mittelschwer" zu gelten. Knackige Felspassagen bergauf wie bergab, ein Trail der, wenn auch nur kurz, aber dennoch eindeutig als S4 einzustufen ist ... mittelschwer? Nee, nee. Stellt euch auf eine ganz schön anspruchsvolle Unternehmung ein. Wer hier nicht öfter mal kurz schiebt, darf sich beruhigt zu den oberen Zehntausend Bikern zählen. Weil es am Anfang gar so scheppert war ich denn auch so frei, das Finale dieses Tourenklassikers zu ändern. Nach dem Motto „wenn schon, denn schon" findet ihr nun am Rocca di Corno ein weiteres echtes Testpiece. Warum man die Tour trotzdem fahren sollte? Sie führt durch eine Landschaft wie aus einem Kuriositätenkabinett. Dies gilt vor allem für die Felsplatten „Ciappi" selbst, und insbesondere für den Ciappo delle Conche. Die Bedeutung der in den Stein gemeißelten Figuren und Linien zu interpretieren überlasse ich eurer Phantasie. Wenn mir auch die offizielle Deutung der Archäologen unbekannt ist so versteht man doch, dass man sich hier an einem ganz besonderen Ort befindet. Seht euch um. Vielleicht findet ihr dann ja auch die drei in den Fels gemeißelten Throne ...

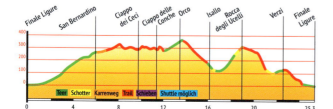

TOUR 7

EN ENDURO

LEVEL 3 ↔ 18,9 km ↑ 430 Hm ↓ 430 Hm ⏱ 02:30 h

Schwierigkeit

Kondition
Fahrtechnik

Singletrails obligatorisch
S0 **S1** S2 S3 S4 S5

Singletrails maximal
S0 S1 **S2** S3 S4 S5

Genussfaktor

Fahrspaß
Adventure

➡ Finalborgo, 44.176 N, 8.328 O

Pian Marino

Wem nach dem Mittagessen der Sinn danach steht, sich auf die Schnelle die Beine zu vertreten findet hier die richtige Tour. Ein teils steiler Aufstieg über Perti zur Ebene Pian Marino fördert die Verdauung. Eine schöne Abfolge von Singletrails belebt den Geist.

Finalborgo zählt zu den schönsten mittelalterlichen Altstädten Italiens. Architektonisch interessant beginnt auch diese Tour. Während des Anstiegs nach Perti Alto hat man das Castel Gavone ständig im Blick. Oben angekommen bieten die beiden Kirchen Sant'Eusebio und Chiesa dei Cinque Campanili (Kirche der fünf Glocketrüme) kulturelle und architektonische Highlights. Der folgende Abschnitt ist nicht ganz so beschaulich, denn hier werden auf relativ wenig Strecke reichlich Höhenmeter gut gemacht. Ab der Hochfläche Pian Marino lehnt sich die Steigung zurück. Es folgt eine kurzweilige Trailquerung in einem schönen Auf und Ab im Crosscountry-Style. Klar sind hier auch einige etwas anspruchsvollere Passagen zu bewältigen. Insgesamt ist dieser Trail aber sehr genussvoll und flowig. Gleiches gilt auch für die finale Abfahrt über den Trail Ca' Bianca nach Orco Feglino. Dies ist wohl der leichteste Trail in diesem Tourensektor und daher derjenige, der am besten zum Rest dieser Tour passt. In Orco Feglino angekommen treffen wir auf den einzigen Schönheitsfehler dieser Runde. Leider gibt es für den Rückweg nach Finalborgo keine Alternative zur asphaltierten Straße. Immerhin dauert es so nicht mehr lange bis zur Bar auf der Piazza Centrale.

EN ENDURO

TOUR 8

LEVEL 4   ↔ 29,7 km   ↑ 1270 Hm   ↓ 1270 Hm   ⏱ 04:30 h

Schwierigkeit

Kondition

Fahrtechnik

Singletrails obligatorisch
| S0 | S1 | **S2** | S3 | S4 | S5 |

Singletrails maximal
| S0 | S1 | S2 | **S3** | S4 | S5 |

Genussfaktor

Fahrspaß

Adventure

↪ Orco Feglino, 44.218 N, 8.325 O

Feglino Trails

Auf Shuttletouren werden die Trails oberhalb von Orco Feglino meist zum Warmfahren angesteuert. Angesichts der relativen Kürze der Trails macht das auch Sinn. Und doch tut man ihnen Unrecht, denn dieser Sektor muss sich vor den bekannteren nicht verstecken.

Es gibt definitiv Spaßigeres als den Anstieg von Orco Feglino zur Kirche San Rocco gleich fünf Mal zu kurbeln. Leider gibt es für den Aufstieg keine Alternative. Und hey, wenn wir kurz mal Alpen-Maßstäbe anlegen, dann sind 1270 Höhenmeter Anstieg für fünf Trails dieser Güte ein unbedingt fairer Deal! Wer also bereit ist, den bis auf die ersten Kehren nicht übermäßig steilen Anstieg als „Intervalltraining" zu betrachten, wird auf dieser Tour seinen Spaß haben. Aber mal einen Trail nach dem anderen, von Süd nach Nord: Der „Neandertal" beginnt sehr flowig, hält aber nach einem kurzen Forstweg-Gegenanstieg ein paar Schlüsselstellen in Form enger Kehren bereit. Der einzige Schönheitsfehler des „Legnaia" (oder „Pino morto") ist, dass er relativ früh auf eine Forststraße übergeht. Ein Sahne-Flowtrail! Der nagelneue „Oribago" Trail wurde erst 2015 kurz vor Weihnachten fertiggestellt. Er ist oben relativ steil, schlägt aber ansonsten in dieselbe Kerbe und ist länger. Nördlich von San Rocco teilen sich zwei Abfahrten denselben Trailhead. Der „Little Champéry" rechterhand ist technisch anspruchsvoller und steiler, aber subjektiv auch der schönere der beiden. Ganz im Norden zieht der „Ca' Bianca" bis auf kurze Schlüsselstellen sehr flowig zu Tal.

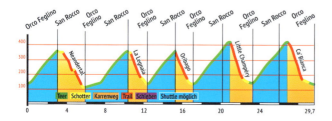

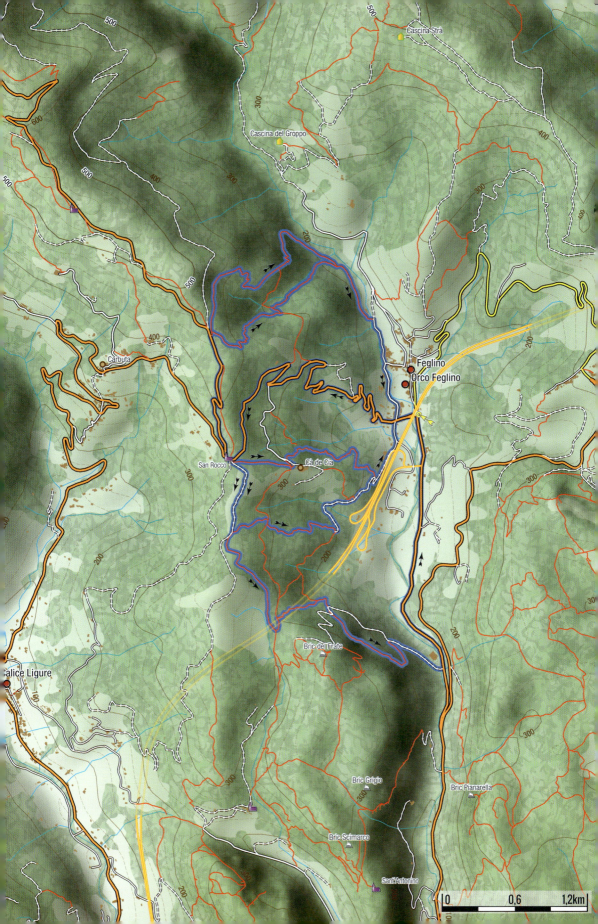

FINALE LIGURE - SEKTOR 3
LE MANIE

Die Wettkampf-Trails auf der Hochfläche Le Mànie bieten ganzjährig Flow und Panorama satt.

Mit etwas Phantasie lässt sich in der kreisrunden, topfebenen Fläche an der „Località Le Mànie" durchaus noch der See erkennen, der sich hier einmal befand. Er gab der ansonsten hügeligen Hochfläche ihren Namen. Dass der See eine direkte Verbindung mit einem darunter liegenden Wassersystem hatte, war lange nicht bekannt. Zumindest nicht bis zum Bau des Eisenbahntunnels Finalpia-Noli im Jahr 1870. Während der Bauarbeiten bohrte man dieses Wassersystem an, und gleich einer gigantischen Klospülung ergoss sich der komplette Inhalt in den Eisenbahntunnel. Bei dem Unglück ertranken 18 Eisenbahnarbeiter. Der See verschwand für immer.

Heute steht die verkarstete Hochfläche Le Mànie fast schon sinnbildlich für das Biken in Finale Ligure. Gefühlt die Hälfte aller in sozialen Netzwerken geposteten oder in Magazinen veröffentlichten Fotos wurden hier aufgenommen. Ein großer Teil davon sogar auf einem Trail, dem „Downhill Donne" mit seinem unvergleichlichen Blick über Varigotti. Die Titelseite dieses Buches macht da keine Ausnahme. Im Grunde ist das „Biken mit Meeresblick" auf Le Mànie aber untypisch für

Der Blick über die Steilklippen am Capo Noli und den Ort Varigotti machen Le Mànie - neben den Trails - zu einem der beliebtesten Sektoren Finales.

Finale. Schließlich befinden sich die meisten Trails im Hinterland, und sind umgeben von dichter Vegetation. Das tolle Panorama auf Le Mànie ist daher sicher ein Faktor für die Popularität dieses Tourensektors. Wichtiger noch ist aber die Qualität der Trails. Bekannt wurden diese vor allem durch die Wettkämpfe. Seit 1999 werden hier jedes Jahr im Mai die „24 Stunden von Finale" mit über 1000 Startern ausgetragen. Die Rennstrecke dieses beliebten Klassikers ist aber ganzjährig befahrbar. Sie verläuft überwiegend auf flowigen Trails, besticht dabei mit einem umwerfenden Panorama über die Steilklippen am Capo Noli, piesakt aber auch mit fordernden Anstiegen.

Deutlich deftiger geht es auf den „Stages" der Enduro World Series zur Sache. Die drei Trails „Downhill Donne & Men" sowie der „San Michele" Trail nach Noli sind hier regelmäßig im Programm. Während der San Michele Trail im letzten Abschnitt mit engen Kehren und großen Steinstufen einiges Fahrkönnen fordert, ist der Downhill Men praktisch durchgehend anspruchsvoll. Die mit teils grundlosem Geröll durchsetzte Steilabfahrt verlangt nach einem sensiblen Bremsfinger und gehörig kaltem Blut. Der schon erwähnte „Downhill Donne" ist der leichteste und zugleich beliebteste der drei EWS-Trails. Allerdings herrscht hier für den finalen Abschnitt nach Varigotti

seit 2015 ein striktes Bikeverbot. In Varigotti sieht man das Biken leider ein Stück kritischer als im Rest von Ligurien. Bitte respektiert das Verbot, um nicht weitere Trailsperrungen zu provozieren.
Doch auch jenseits von Trails und landschaftlicher Schönheit lädt die Hochebene Le Mànie zu manch interessanter Entdeckung ein. So finden sich in der karstigen Landschaft viele Grotten, in denen Spuren einer intensiven steinzeitlichen Besiedelung durch Neandertal Gruppen gefunden wurden. Die bekannteste davon ist „Arma delle Mànie" direkt unter dem gleichnamigen Restaurant. Alle drei der hier beschriebenen Touren führen direkt daran vorbei. Ein Zwischenstopp lohnt.

> **Die Wettkampf-Trails von Le Mànie sind flowig bis anspruchsvoll und stehen fast sinnbildlich für Finale.**

TOUR 9

LEVEL 3 ↔ 33,9 km   ↑ 880 Hm   ↓ 880 Hm   ⏱ 04:00 h

Schwierigkeit

Kondition

Fahrtechnik

Singletrails obligatorisch
| S0 | S1 | S2 | S3 | S4 | S5 |

Singletrails maximal
| S0 | S1 | S2 | S3 | S4 | S5 |

Genussfaktor

Fahrspaß

Adventure

➥ Finalmarina, 44.169 N, 8.346 O

24h Extended

Es wird wohl kaum jemand widersprechen, wenn man die Strecke des „24h di Finale" Rennens als einen der schönsten Crosscountry-Rundkurse Europas bezeichnet. Außerhalb des Rennens ist sie aber nicht wirklich tagesfüllend. Daher hier als „Extended Version".

Seit 1999 zählen die 24h von Finale zu den beliebtesten 24h-Rennen im jährlichen Kalender. Dies liegt mit Sicherheit nicht zuletzt an der Location und der Strecke selbst. Dass man in einen 12-Kilometer-Rundkurs mehr Abwechslung packen könnte, ist schlechterdings schwer vorstellbar. Wenn dann noch einige Trails mit dermaßen spektakulärer Fernsicht aufs Mittelmeer am oberen Rand einer Steilklippe entlang führen, ist ein unvergessliches Rennerlebnis fast schon garantiert. Zum Glück für alle die nachts lieber schlafen ist der Rundkus permanent ausgeschildert und daher ganzjährig fahrbar. Meist wird diese Runde von Finalpia aus über die Straße Richtung Le Mànie angefahren. Wegen des Panoramas sicher kein Fehler, doch es geht besser. Die hier beschriebene Runde nimmt als Anfahrt zwei schöne Trails vor dem Colla di Magnone und am Bric dei Monti mit. Auf dem Rückweg nach Finale stehen zusätzlich die Abfahrt über die Arma delle Mànie, die Straße der „Ponti Romani" und der „La Briga" Trail auf dem Programm. So gefahren wird aus der 24h-Strecke eine äußerst abwechslungsreiche Ganztagestour. Dass man die Finalabfahrt des Rennkurses vom Bric dei Corvi in diesem Fall zweimal fahren „muss", wird dabei kaum jemanden stören.

TOUR 10

LEVEL 4 ↔ 36,8 km ↑ 1090 Hm ↓ 1090 Hm ⏱ 04:30 h

Schwierigkeit

Kondition

Fahrtechnik

Singletrails obligatorisch
S0 **S1** S2 S3 S4 S5

Singletrails maximal
S0 S1 **S2** S3 S4 S5

Genussfaktor

Fahrspaß

Adventure

➡ Finalmarina, 44.169 N, 8.346 O

Le Mànie Easy DH

Das Attribut „Easy" ist, wie so oft in Finale Ligure, relativ zu verstehen. Tatsächlich sucht sich diese Tour von dem guten Dutzend möglicher Trailabfahrten von der Hochebene Le Mànie die einfachsten aus. Für Trailspaß und anspruchsvolle Passagen ist aber auch hier gesorgt.

Die „hintenrum" Anfahrt Richtung Le Mànie darf bei einer Allmountain Tour nicht fehlen. Der Anstieg über die Straße der „Ponti Romani" verlangt stellenweise einigen Biss. Oben angekommen folgt die Route zwecks Optimierung der Trailquote dem schönsten Abschnitt der 24h von Finale. Unweit des Leuchtturms am Capo Noli wird die CC-Rennstrecke aber zugunsten eines recht einfachen und flowigen Trails nach Noli wieder verlassen. Nach einer Einkehr in dieser sehenswerten Altstadt verläuft der weitgehend geteerte Gegenanstieg recht ereignislos. Ab dem Bric dei Crovi wird es aber wieder interessant. Leider hat der Trail der „Downhill Donne" seit der Sperrung des letzten Abschnittes nach Varigotti etwas an Attraktivität eingebüßt. Die Abfahrt über den Aussichtsbalkon par excéllence zählt nach wie vor zu den Must-Dos von Finale. Doch wer sich das letzte, alternative Stück spart, verpasst wenig. Wieder zurück auf der Hochebene geht es für ein paar Kilometer über Asphalt bis zum Trailhead der Abfahrt über „La Briga Alta". Dieser Trail verläuft im oberen Teil sehr flowig und mit tollen Ausblicken durch Olivenhaine nach unten. Lediglich der letzte Abschnitt zwischen den Häusern ist nicht wirklich der Brüller. Aber das tut dieser tollen Tour keinen Abbruch.

56

TOUR 11

LEVEL 5   ↔ 38,1 km   ↑ 1190 Hm   ↓ 1190 Hm   ⏱ 04:00 h

Schwierigkeit

Kondition

Fahrtechnik

Singletrails obligatorisch
| S0 | S1 | **S2** | S3 | S4 | S5 |

Singletrails maximal
| S0 | S1 | S2 | S3 | **S4** | S5 |

Genussfaktor

Fahrspaß

Adventure

➜ Finalmarina, 44.169 N, 8.346 O

Le Mànie EWS

Wer wissen möchte warum ich bei der letzten Tour von „relativ" easy sprach, möge sich diese Runde zu Gemüte führen. Sämtliche Trails mit Ausnahme des letzten sind regelmäßig im Programm der EWS, jener immerhin beim Finale Superenduro. Es geht zur Sache!

Ein Fullface Helm ist bei dieser Tour ratsam, und wenn's noch so sehr beim Pedalieren stört. Insbesondere der „DH Uomini" Trail nach Varigotti und der letzte Abschnitt des „San Michele" Trails nach Noli bieten doch einiges an Fels und Gelegenheiten für Stürze. Stellen, an denen man ohne größeres Risiko stürzen könnte, sind dort aber eher rar. Also bitte Vorsicht. Die genannten Trails gehen selbst die Pros mit einer gerüttelten Portion Respekt an. Es sind giftige Biester, und sie zu fahren muss man wollen. Kann man aber auch wollen. Schließlich handelt es sich um legendäre Trails, auf denen gestandene Enduro-Piloten ihr ganzes Können abrufen können. Die beiden anderen Trailabfahrten dieser Runde – der DH Donne und La Briga – spielen schon eher in einer Liga, in der auch Normalsterbliche Land sehen. Eines Urteils welche Trails schöner sind möchte ich mich mangels der dafür notwendigen Fahrtechnik enthalten. Notwendig ist aber ein Hinweis: 2015 hat die Gemeine Varigotti ein Fahrverbot für den letzten Teil des DH Donne Trails erlassen. Bitte respektiert dieses Verbot und fahrt nach dem DH Uomini betont defensiv ins Dorf hinein. Nicht, dass man sich zu weiteren Sperrungen provoziert sieht. Was gibt's sonst noch zu sagen? Viel Spaß!

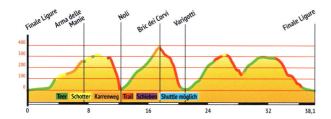

FINALE LIGURE - SEKTOR 4
MELOGNO

Oberhalb von Calice Ligure flowen Biker auf einem perfekten Mix aus kurzweiligen Trails und historischen Wegen.

Trailbau in annähernder Perfektion. Nichts weniger darf man sich von einem Ausritt im Sektor „Melogno" erwarten. Im Ernst, wer wissen möchte warum die Trails in Finale Ligure einen solch guten Ruf genießen, sollte dem Phänomen hier auf den Grund gehen. Flowige Trails gibt es viele, anspruchsvolle ebenso. Trails wie der „Rollercoaster" haben dagegen einen ganz eigenen Charakter. Was sie unterscheidet ist, dass man sie auch ein Dutzend Mal fahren kann, ohne sich zu langweilen. Und dass man jedesmal ein neues Detail entdeckt. Wer alle Trails in diesem Sektor kennenlernen möchte, muss den Rollercoaster allerdings auch ein Dutzend Mal fahren. Leider gibt es zwischen dem Ristorante Din unterhalb des Colle del Melogno und der Kirche Madonna della Guardia nur einen Trail. Auch wenn sich dieser im unteren Abschnitt teilt, kommt man hier um Doppler und Tripler kaum herum. Aber das ist Meckern auf hohem Niveau! Finales Trailbauern ist es hier gelungen, bereits bestehende, alte Wege und neu gebaute Abschnitte zu einem gelungenen Ganzen zu kombinieren, das die natürlichen Begebenheiten des Geländes perfekt ausnutzt.

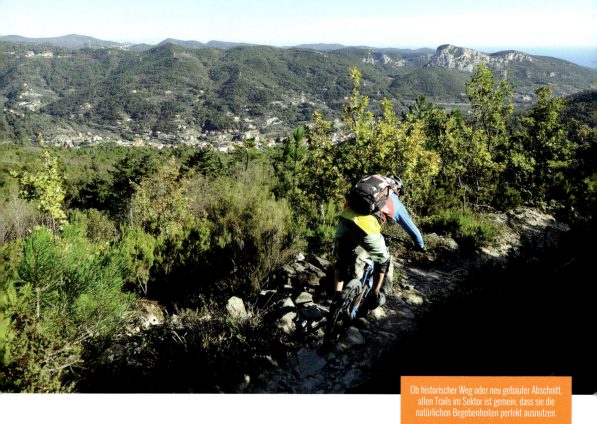

Ob historischer Weg oder neu gebauter Abschnitt, allen Trails im Sektor ist gemein, dass sie die natürlichen Begebenheiten perfekt ausnutzen.

Wenn man einen Trail allerdings schon notgedrungen mehrfach fährt kann man auch aus der Not eine Tugend machen und auf die Details am Wegesrand achten. Tatsächlich war der Bergrücken oberhalb des Talkessels von Rialto schon in antiken Zeit stark frequentiert. Am Bric Ghettina wurde bereits im frühen Mittelalter ein stark schwefelhaltiges Silber- und Bleierz abgebaut. Die Förderung des Erzes war einigermaßen aufwändig. Zwar verliefen die Erzadern recht nahe an der Oberfläche, allerdings waren sie meist nur recht kurz. Demzufolge finder sich hier keine große Mine, stattdessen ist der Berg mit zahlreichen Stollen durchlöchert, die oft nur wenige, selten mehr als zwanzig Meter in den Berg reichen. Ein Abstecher zu dieser historischen Bergbaustätte lohnt, auch wenn man den letzten knappen Kilometer zur Mine am besten zu Fuß zurücklegt. Am höchsten Punkt des Rollercoaster Trails, kurz bevor dieser in die Abfahrt übergeht, trifft man linkerhand auf den Abzweig zur Mine. Wer dagegen über den „Toboga di Canova" Trail abfährt, stößt ohne Umwege auf die Überreste des Bergbaus. Von der historischen Bleimine sind allerdings nur noch wenige Überbleibsel vorhanden. Sichtbar sind nur noch die Reste der „Ferreria", eines provisorischen Hochofens, in dem das geförderte Erz für den Transport angereichert wurde.

Wegen des gut ausgebauten Straßennetzes unterhalb des Colle del Melogno wurde die Gegend auch in den Koalitionskriegen nach der Französischen Revolution zur Schlüsselposition. Am 23. und 24. November 1795 kam es bei Loano zu einer blutigen Schlacht zwischen der französischen Armee unter dem Befehl des damals noch recht unbekannten Napoleon und den österreichisch-piemontesischen Truppen. Oberhalb von Bardineto gelang es den Franzosen, die gegnerische Front zu durchbrechen und in einem Gewaltmarsch über den Colle del Melogno bis zum Colla di San Giacomo vorzudringen. Damit waren die österreichischen Truppen eingekesselt und vom Nachschub aus dem Piemont abgeschnitten. Auch nach der für die Österreicher verlorenen Schlacht kam es hier noch zu Kämpfen. Reste der Befestigungsanlagen sind bis heute sichtbar – etwa der Schützengraben, den man auf dem „Trincea Trail" (Tour 17) kreuzt. Die mächtigen Forts auf dem Pass selbst wurden allerdings erst Ende des 19. Jahrhunderts gebaut.

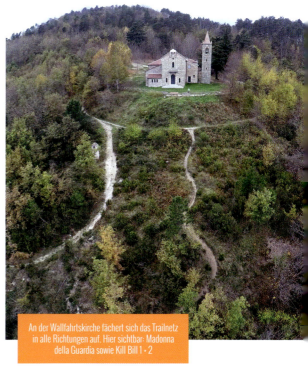

An der Wallfahrtskirche fächert sich das Trailnetz in alle Richtungen auf. Hier sichtbar: Madonna della Guardia sowie Kill Bill 1 · 2

TOUR 12

LEVEL 4 ↔ 22,7 km ↑ 940 Hm ↓ 940 Hm ⏱ 03:45 h

Schwierigkeit

Kondition

Fahrtechnik

Singletrails obligatorisch
S0 S1 **S2** S3 S4 S5

Singletrails maximal
S0 S1 S2 **S3** S4 S5

Genussfaktor

Fahrspaß

Adventure

➔ Calice Ligure, 44.205 N, 8.293 O

Rialto - Melogno AM

Auf dieser Tour wird dir nichts geschenkt. Der Anstieg von Rialto zum Ristorante DIN am Melogno ist hart. Genauso wie die steilen Felsplatten auf dem letzten Abschnitt des Madonna della Guardia Trails. Und dazwischen? Flow pur und vom Feinsten!

Immerhin sind die ersten gut 350 Höhenmeter Richtung Rialto zwar auch nicht eben flach, aber wenigstens geteert. Fahre dich gut warm, und hebe dir ein wenig Pulver für den Rest des Anstieges auf. Die Forststraße Richtung Melogno hat es jedenfalls in sich. Auf sechs Kilometern Strecke stehen 560 Höhenmeter an, macht im Schnitt knapp unter 10 Prozent Steigung. Allerdings sind doch ein paar Rampen dabei, die diesen Grenzbereich zur Arbeit recht deutlich überschreiten. Nun gut, oben wartet das Ristorante DIN mit der verdienten Stärkung. Und natürlich warten die Trails, wegen denen du dir diese Plackerei aufgehalst hast. Noch ein letzter, überschaubarer Anstieg dann wirst du sehen dass es nicht umsonst war. Der „Rollercoaster-DIN-Aleale" (such dir einen Namen aus) zählt zu den absoluten Signature-Trails von Finale Ligure. Hier wartet Ultraflow, aber ein paar fahrtechnisch anspruchsvolle Stellen sind natürlich auch dabei. Ab der Wallfahrtskirche Madonna della Guardia legt die Tour nochmal einen ordentlichen Scheit ins Feuer. Der gleichnamige Trail ist im oberen Abschnitt schon mal deutlich anspruchsvoller. Auf den groben Felsplatten im letzten Part kannst du es dann nochmal so richtig krachen lassen. Courage!

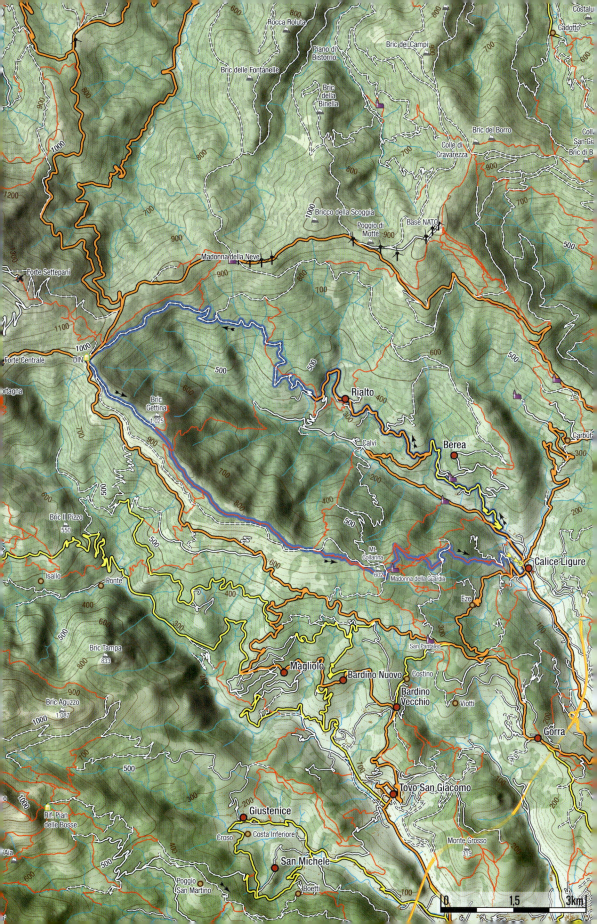

TOUR 13

LEVEL 4 ↔ 22,9 km ↑ 920 Hm ↓ 920 Hm ⏲ 03:45 h

Schwierigkeit

Kondition

Fahrtechnik

Singletrails obligatorisch
S0 S1 **S2** S3 S4 S5

Singletrails maximal
S0 S1 **S2** S3 S4 S5

Genussfaktor

Fahrspaß

Adventure

➲ Calice Ligure, 44.205 N, 8.293 O

Salita Collarina

Vier harte Kilometer Anstieg warten zwischen Calvi und dem Monte Collarina. Danach wird es deutlich entspannter. Die Abfahrt über die Kombination aus dem Rollercoaster und dem Cacciatore Trail muss man fast schon zu den Mountainbike-Klassikern zählen.

Auch der Anstieg von Calvi zum Monte Collarina muss man in die Kategorie „Arbeit" einordnen. Durchschnittlich 10 Prozent Steigung stehen auf dem Programm. Immerhin sind die steileren Abschnitte nur relativ kurz, und es finden sich immer wieder Passagen, die einen wieder zu Luft kommen lassen. Über 400 Höhenmeter geht es so, dann hat der Anstieg sein Einsehen: Ab der Kreuzung mit der Forststraße oberhalb der Madonna della Guardia wird es deutlich flacher, und die restlichen 400 Höhenmeter nach Melogno lassen sich vergleichsweise entspannt abkurbeln. Die Einkehr oben ist fast schon obligatorisch, dann folgt der letzte Anstieg zum höchsten Punkt und die Abfahrt über den Rollercoaster Trail. Wer möchte, kann hier aber zuvor noch einen kleinen „Bike&Hike" Abstecher zu den alten Silberminen am Bric Ghettina einlegen. Von den alten Minenstollen genießt du einen tollen Blick über den Talkessel von Rialto. Aber zurück zum Trail: Der führt sehr flowig und mit nur kurzen Schlüsselstellen über den Gratrücken hinunter zur Kirche Madonna della Guardia. Hier nimmt die Tour die wahrscheinlich leichteste aller Talabfahrten im Sektor mit, den Cacciatore Trail. Nun, leicht ist relativ. Es wird zwar nie schwerer als S2, aber auch nur selten einfacher.

TOUR 14

LEVEL 4   ↔ 27,1 km   ↑ 1150 Hm   ↓ 1150 Hm   ⏱ 03:45 h

Schwierigkeit

Kondition

Fahrtechnik

Singletrails obligatorisch
| S0 | S1 | S2 | S3 | S4 | S5 |

Singletrails maximal
| S0 | S1 | S2 | S3 | S4 | S5 |

Genussfaktor

Fahrspaß

Adventure

➡ Calice Ligure, 44.205 N, 8.293 O

Rollercoaster ... da capo!

Der „Rollercoaster" hat viele Freunde, aber auch diverse Namen. Alternativ bezeichnen auch „Din" oder „AleAle" ein und denselben Trail. Vielleicht fällt es ja bei einem dermaßen originellen Trail nicht leicht, das Kind bei nur einem Namen zu nennen?

Wenn ich nur einen Trail mit auf die Insel nehmen könnte, wäre der „Rollercoaster" ein heißer Kandidat. Ihn durch das Raster der Singletrailskala zu pressen ist gar nicht so einfach. Versuchen wir es trotzdem: auf Dreiviertel der Strecke gibt er sich wie ein „ganz normaler Trail" à la Finale. Will heißen ultra-flowig mit kurzen anspruchsvollen Passagen. In Zahlen ausgedrückt: S1 bis teils S2. Die Passage die dem Trail seinen Namen gab fällt komplett aus dem gewohnten Rahmen. S3? Hm. Bei der Einfahrt in dieses Halfpipe-artige Tal kann einem jedenfalls ganz schön mulmig werden. Am Einstieg geht es gefühlt senkrecht bergab (es werden vielleicht 60 Grad sein). Den Bremsimpuls sollte unterdrücken, wer nicht auf der anderen Seite am Hang verhungern will. Courage! Wer bei diesem Spiel aus Beschleunigung, Kompression und Halse den Bogen raus hat, wird kichern wie ein Schulmädchen. Wer bremst, schiebt und flucht. Doch auch wenn nicht jeder „one-eighty" auf Anhieb gelingen sollte: Fahr diesen Sahnetrail einfach ein zweites Mal. Ach ja, auch der zweite Trail der Tour ist nicht von schlechten Eltern. Der „Cacciatore" wird mit einem kleinen Gegenanstieg von der Kirche San Pantaleo angesteuert und bietet einen gelungenen Abschluss der Tour. Da capo!

TOUR 15

LEVEL 5 ↔ 22,1 km ↑ 940 Hm ↓ 940 Hm ⏱ 03:45 h

Schwierigkeit

Kondition

Fahrtechnik

Singletrails obligatorisch
S0 S1 S2 **S3** S4 S5

Singletrails maximal
S0 S1 S2 **S3** S4 S5

Genussfaktor

Fahrspaß

Adventure

➡ Calice Ligure, 44.205 N, 8.293 O

Cavatappi

Der Cavatappi Trail im Sektor Madonna della Guardia zählt nicht nur zum Repertoire der Enduro World Series. Wegen seiner Steilheit und fahrtechnischen Schwierigkeit wird er dort auch, sagen wir mal, ziemlich respektiert. Ein deftiger Ritt!

Federweg ist kein Allheilmittel, aber auf dem Cavatappi Trail ist ordentlich Federweg mal sicher kein Fehler. Der Cavatappi zählt mit seinen deftigen Steilstufen, Felspassagen und engen Kehren klar zu den schwierigsten Freeride-Trails um Finale Ligure. Und in der Folge auch zu den am seltensten befahrenen. Wenn du schon die meisten anderen Trails im Sektor gefahren bist und dich noch nicht ausgelastet gefühlt hast, dann steht mit dem Cavatappi noch eine schöne Steigerungsmöglichkeit ins Haus. Wenn das Limit auf den anderen Trails nicht mehr weit war, spar ihn dir lieber für bessere Zeiten auf. Der Cavatappi Trail lässt sich grob zweiteilen. Sind die wenigen entspannten Meter nach dem Trailhead absolviert, wird es im ersten Abschnitt „nur" steil. Die Linienführung ist beeindruckend direkt. Zu sehr auf der Bremse hängen solltest du trotzdem nicht, denn von unten setzt es Schläge. Das Risiko über den Lenker zu gehen ist durchaus real. Im unteren Teil folgen enge Kehren mit felsigem Untergrund und einigen Wurzeln. Die Schwierigkeiten pendeln sich hier je nach Linienwahl auf einem satten S3 bis S4 Niveau ein. Immerhin würden Stürze hier wohl deutlich glimpflicher ausgehen als oben. Corraggio, sagt der Italiener!

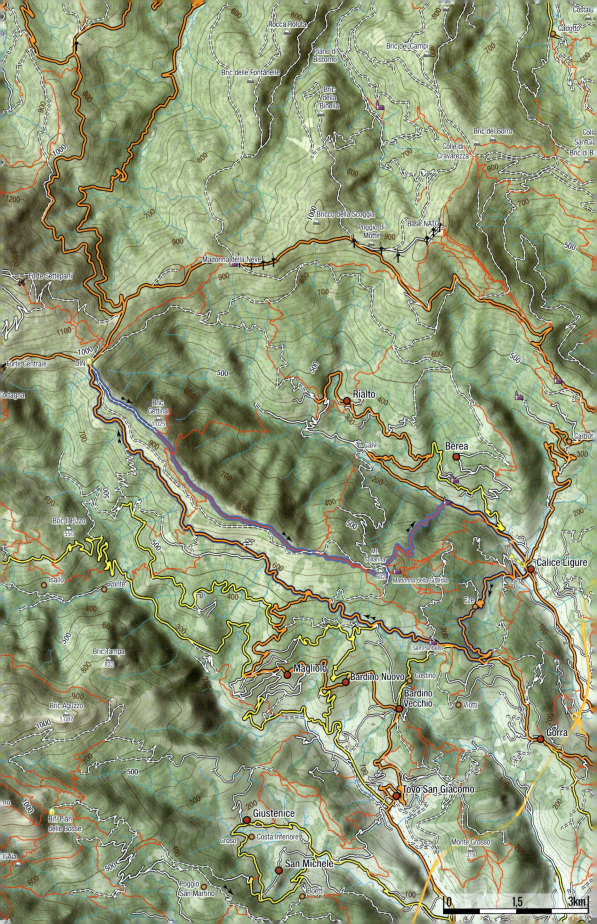

TOUR 16

LEVEL 4 ↔ 27,7 km ↑ 1180 Hm ↓ 1180 Hm ⏱ 04:15 h

Schwierigkeit

Kondition

Fahrtechnik

Singletrails obligatorisch
| S0 | S1 | **S2** | S3 | S4 | S5 |

Singletrails maximal
| S0 | S1 | S2 | **S3** | S4 | S5 |

Genussfaktor

Fahrspaß

Adventure

➦ Calice Ligure, 44.205 N, 8.293 O

Madonna della Guardia

Während sich im Sektor Melogno alles auf einen Trail konzentriert, fächert sich das Trailnetz oberhalb der Kapelle Madonna della Guardia plötzlich auf. Richtig leicht ist keine der Abfahrten hier, zusammen ergeben sie einen etwas komplizierten, aber sehr lohnenden Sektor.

Zu dem Trailsektor Madonna della Guardia gelangt man im Normalfall auf zwei verschiedenen Wegen. Variante 1 (wie bei den vorhergehenden Touren 12 bis 15) ist die Anfahrt über den oberen Teil des Rollercoaster. So ergibt sich eine lange Abfahrt über gut 900 Höhenmeter. Variante zwei ist die Zufahrt über die Forststraße zur Kapelle. Hier dröselt sich das im oberen Teil feine Trailnetz beträchtlich auf. Gleich sechs Trails führen hinunter bis auf halbe Höhe, um dort in die Forststraße zur Kapelle San Pantaleo zu münden. Weiter geht's mit zwei Möglichkeiten für eine komplette Talabfahrt. Wer alle Trails kennenlernen möchte, kommt bei zig möglichen Kombinationen um Doppler nicht herum. Auf der hier beschriebenen Trailkombi lernst du mit einem längeren und zwei überschaubaren Aufstiegen insgesamt drei der Trails in diesem Sektor kennen. Es sind dies der untere Teil des Rollercoaster (sagte ich schon dass man den auch mehrfach fahren kann?), der obere Teil des „Madonna della Guardia" sowie die Kombination aus „Kill Bill 1" und „Cacciatore" als Talabfahrt. Diese Trails passen von Charakter und Schwierigkeit gut zusammen. Aber natürlich kannst du die drei Aufstiege auch für andere Trailkombinationen nutzen. Viel Spaß beim Knobeln!

FINALE LIGURE - SEKTOR 5

BASE NATO

Nur ein Freeridesektor? Oder doch eine Abschussbasis für Atomraketen? Um die Base NATO ranken sich viele Legenden.

Die Freeride Geheimnisse der Base NATO werden auf den folgenden Seiten enthüllt. Versprochen! Was alle weiteren Geheimnisse betrifft, die sich um die „Scatter NATO Base" ranken, wird dies wohl eher nicht gelingen. Fakt ist, dass dort oben ab 1963 die 59. US-Fernmeldekompanie stationiert war. Die Militärbasis auf dem „Pian dei Corsi" zählte zu einem Verbund aus gut 40 Fernmeldestationen in ganz Westeuropa, von denen aus per Mikrowellen der Luftraum im Einflussbereich der NATO überwacht wurde. Da diese Aufgabe ab den 90er Jahren aber zunehmend Satelliten im Orbit erledigten, wurde die Base NATO aufgegeben und liegt seit 1992 brach. So weit die offizielle Version. Dass es das noch nicht gewesen sein konnte, wurde im Volksmund schon früh gemunkelt. Zeugen sprachen von Transporthubschraubern und „nächtlichen Lastwagenkonvois", die am Pian dei Corsi „einfach im Berg verschwanden". Hinter vorgehaltener Hand kursierte das Gerücht, man säße auf einer „riesigen Bombe". Zusätzlich angefeuert wurde die Gerüchteküche durch einen Bericht der angesehenen französischen Militärzeit-

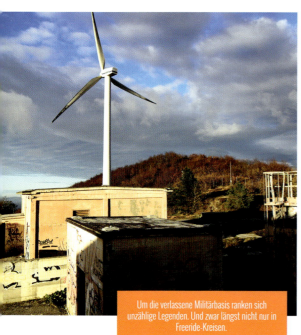

Um die verlassene Militärbasis ranken sich unzählige Legenden. Und zwar längst nicht nur in Freeride-Kreisen.

Ob mit oder ohne Atomraketen: Bombentrails finden sich an der aufgegebenen NATO-Basis auf dem Pian dei Corsi zuhauf.

schrift „Le Macquis". Diese berichtete unter Berufung auf informierte Kreise, die Militärbasis auf dem Pian dei Corsi sei in Wahrheit eine Abschussbasis für Atomraketen. Mehr noch: man stellte eine Verbindung her zu der verheerenden Serie an Bombenattentaten, die die Provinzhauptstadt Savona in den Jahren 1974 und 1975 erschütterte. Hierbei habe es sich um Ablenkungsmanöver der Amerikaner gehandelt. Ziel sei gewesen, die öffentliche Aufmerksamkeit von den wahren Vorgängen abzulenken, die sich im Hinterland Liguriens abspielten.
Hirngespinste? Tatsächlich antwortete die CIA auf eine Presseanfrage italienischer Medien ausweichend, man könne einen Zusammenhang zwischen der NATO-Basis und den Attentaten von Savona „weder bestätigen noch dementieren". Tatsächlich wurden vor Ort nie Spuren einer unterirdischen Anlage entdeckt, aus der Atomraketen hätten abgeschossen werden können. Tatsache ist aber auch, dass unter der nur sechs Kilometer Luftlinie entfernten Militärbasis am Monte Settepani eine umfangreiche unterirdische Anlage existiert. „Urbane Speleologen" der italienischen Forschergruppe „Savona Sotterranea" entdeckten dort 2012 ein verlassenes Bunkersystem. Die Gänge reichen gut 60 Meter tief in den Berg hinein, und führen zu einer Art Hangar mit 200 Quadratmetern Größe und gut 20 Metern Höhe. Atomsilo? Waffenlager? Der wahre Zweck dieses Bauwerks ist rätselhaft, denn offensichtlich wurde es vor dem Verlassen sorgfältig entkernt. Birgt der Pian dei Corsi also ein finsteres Geheimnis? Falls dem so sein sollte, scheinen sich die Urheber ihrer Sache sehr sicher zu sein. Seit 2005 steht die Scatter NATO Base, genauso wie viele andere brach liegende Militärimmobilien, bei der staatlichen Immobilienagentur Demanio zum Verkauf. Wer also auf die Schnelle einen Bikepark erstehen will ...

TOUR 17

LEVEL 4 ⟷ 57,2 km ↑ 1760 Hm ↓ 1760 Hm ⏱ 06:30 h

Schwierigkeit

Kondition

Fahrtechnik

Singletrails obligatorisch
S0 **S1** S2 S3 S4 S5

Singletrails maximal
S0 S1 **S2** S3 S4 S5

Genussfaktor

Fahrspaß

Adventure

➡ Finalmarina, 44.169 N, 8.346 O

Alta Via extended

Der Weitwanderweg „Alta Via dei Monti Liguri" führt über gute 400 Kilometer über die kompletten ligurischen Berge von Ventimiglia bis La Spezia. Diese Tagestour auf der Alta Via und mit dem Zusatz „extended" zu benennen ist daher vielleicht etwas vollmundig ...

Mehr als einen kleinen Ausschnitt

aus dem kompletten Wanderweg kann diese Tour nicht bieten. Allerdings muss sich diese Tour in Sachen Kondition auch vor längeren Tagestouren in den Alpen nicht verstecken. Und auch wenn der prozentuale Trailanteil angesichts der Länge der Tour überschaubar ist, bringt er doch seinen Teil zum Anspruch der Tour. Aber von vorne: Nach dem Start in Finalmarina bleibt Zeit, sich warmzufahren. Bis Orco verläuft die Strecke auf asphaltierten und wenig befahrenen Straßen. Ab Orco sind auf der Forststraße Richtung Colla di San Giacomo ein paar steile Rampen zu überwinden. Dies gilt umso mehr für den Anstieg über den Colle di Cravarezza zur Base NATO. Wer Kraft sparen will, lässt dieses erste Highlight aus und fährt über die Forststraße weiter. An der Kirche „Madonna della Neve" nimmt die Tour einen kleinen Abstecher über den selten befahrenen „Trincea" Trail. Am Ristorante Din findet sich dann auch die erste Einkehrmöglichkeit auf dieser Tour. Kurz danach bringt die erste lange Trailabfahrt über die „Toboga di Canova" viel Flow. Da lässt sich auch über das lange geteerte Zwischenstück hinwegsehen. Ein Gegenanstieg bei Gorra eröffnet dann das Finale der Tour über die Trails am Monte Caprazoppa.

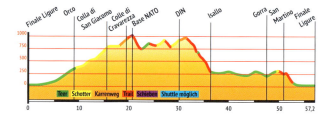

TOUR 18

LEVEL 4 ↔ 30,4 km ↑ 1090 Hm ↓ 1090 Hm ⊙ 04:30 h

Schwierigkeit

Kondition

Fahrtechnik

Singletrails obligatorisch
S0 **S1 S2** S3 S4 S5

Singletrails maximal
S0 S1 S2 **S3** S4 S5

Genussfaktor

Fahrspaß

Adventure

➔ Finalborgo, 44.176 N, 8.328 O

Sentiero H long run

Von der Base NATO nach Finalborgo auf 90 Prozent Singletrails? Geht. Und zwar keineswegs mit verkrampft-gewollter Routenwahl. Es bietet sich geradezu an. Der lange Heimweg von Finales Singletrail-Hochburg ist ein epischer Run von fahrtechnisch nicht schlechten Eltern.

Der Sentiero H zählt zu den absoluten Signature-Trails rund um Finale Ligure. Es ist einer dieser Runs, die man gemacht haben muss, und der auf keiner Shuttletour im Hinterland von Finale fehlen darf. Meist werden aber nur die oberen 400 Höhenmeter gefahren. Die charakteristische Straßenkehre am Ausgang des Abschnitts „Sentiero H veloce" ist für 90 Prozent aller Biker der Umkehrpunkt. Die vielen kleinen Singletrail-Abschnitte rechts und links der Straße zur Kirche San Rocco sind dann schon die Domäne aller, die sich den Anstieg zur Base NATO aus eigener Kraft erarbeiten. Was liegt also näher, als sich noch eine Direktverbindung von San Rocco nach Finalborgo zu suchen? Gesucht, gefunden. Die Abfahrt über den Pian Marino bietet Flow vom Feinsten. Lediglich der Gegenanstieg auf der Forststraße am Rocca di Perti zum dortigen Marmorsteinbruch und die ersten 300 Meter Trail Richtung Perti Alto sind hartes Brot. Gut 20 Prozent Steigung und ein verwinkelter Trail der locker auf S3 eincheckt sind hier geboten. Dann aber folgt ein herrliches Flowfinale über den Pflasterweg am Castel Gavone. Der Weg spuckt euch direkt in Finalborgo aus, wo euch nur noch 20 Meter vom Cappuccino auf der Piazza Centrale trennen.

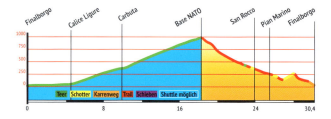

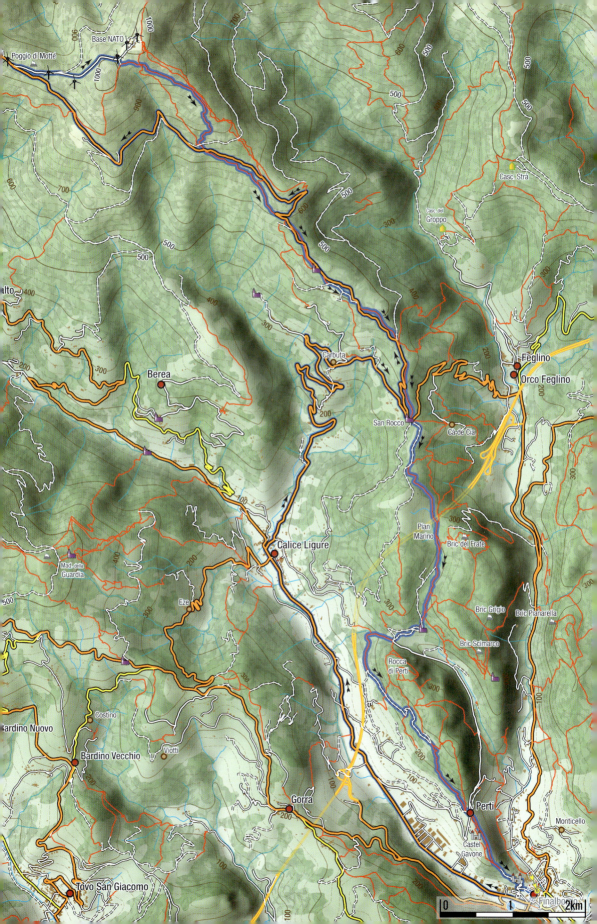

TOUR 19

LEVEL 4 ↔ 38,6 km ↑ 1170 Hm ↓ 1170 Hm ⏲ 04:15 h

Schwierigkeit

Kondition

Fahrtechnik

Singletrails obligatorisch
S0 S1 **S2** S3 S4 S5

Singletrails maximal
S0 S1 S2 S3 **S4** S5

Genussfaktor

Fahrspaß

Adventure

➔ Finalborgo, 44.176 N, 8.328 O

Supergroppo

Der „Supergroppo" Trail wurde für die EWS 2014 neu geshapet. Nach einem ersten Run und begeisterten Feedbacks wurde es unterhalb des Monte Alto aber wieder ruhiger. Vielen ist wohl die Anfahrt zum Trailhead zu lang. Aber sie lohnt. Wow!

So wie die Stage damals lief, ist im Mittelteil in der Tat eine längere Durststrecke zu überwinden. Man hatte sich für eine kurze Wertung auf dem Cravarezza-Trail und den Transfer über die Forststraße zum Colla di San Giacomo entschieden. Die hier beschriebene Tour nimmt stattdessen den oberen Abschnitt des Crestino Trails mit. So wird der Trailanteil auf Kosten der Forststraße deutlich erhöht. Aber von Anfang an: Hinter Calice Ligure hält die Forststraße über Berea ein paar Steilstücke bereit, lässt sich aber ganz gut pedalieren. Nach einem kurzen Trailuphill steht der letzte Anstieg zur Base NATO an, gefolgt vom eben erwähnten Crestino Trail. Nun bleiben noch 800 Meter auf der Forststraße zum Colla di San Giacomo. Den Trail am Monte Alto meiden viele, indem sie noch ein Stück weiter über die Forststraße abfahren. Geschmackssache, aber für mich ein Epic Fail. Klar führt der erste Abschnitt steil bergauf, doch der Flowtrail dahinter macht das dicke wett. Und ja, auch der Anstieg zum Start der damaligen Stage ist steil und hart. Zum Ausgleich wartet dort aber eben auch der erste Abschnitt des Supergroppo. Mit anderen Worten: Flow pur auf einer sehr kurzweiligen und intelligent geshapeten Linie. Was natürlich auch für den Rest des Trails gilt ...

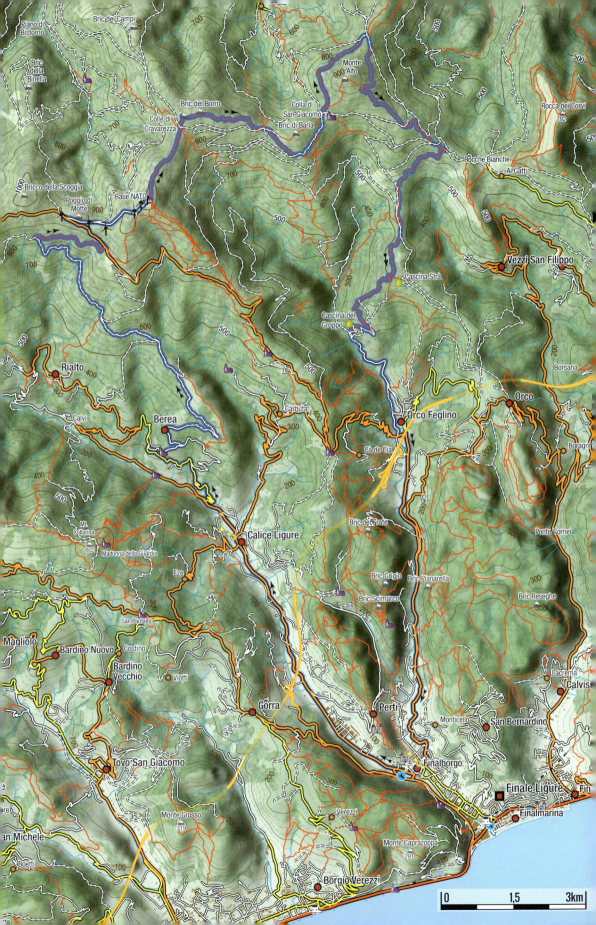

TOUR 20

EN ENDURO

LEVEL 4 ↔ 20,4 km ↑ 880 Hm ↓ 880 Hm ⏱ 03:30 h

Schwierigkeit

Kondition

Fahrtechnik

Singletrails obligatorisch
| S0 | **S1** | S2 | S3 | S4 | S5 |

Singletrails maximal
| S0 | S1 | **S2** | S3 | S4 | S5 |

Genussfaktor

Fahrspaß

Adventure

➡ Orco Feglino, 44.218 N, 8.325 O

Ingegnere Trail

Die Enduro World Series zählt in Finale zu den stärksten Motoren für den Bau neuer Trails. Im Jahr 2014 wurde der „Cravarezza Trail" eigens für dieses Event geshapet, 2015 kam der „Ingegnere Trail" dazu. Hier findest du beide zu einer Top-Tour vereint.

Die Trails an der Base NATO zählen zu den Top Adressen rund um Finale Ligure. Lange fehlten aber Direktverbindungen zwischen der Base und dem Ort Orco Feglino, der meist als Ausgangspunkt dient. Hier stand lediglich der „Crestino Trail" zur Verfügung (s. Tour 21). Okay, das ist Jammern auf hohem Niveau. Trotzdem ist es erfreulich, dass mit Cravarezza und Ingegnere eine neue, und vor allem extrem lohnende Verbindung hinzu gekommen ist. Den ersten und letzten Abschnitt teilen sich beide Varianten. Direkt nach der Base NATO führt der Weg über die Alta Via dei Monti Liguri sehr flowig und ohne großes Gefälle bis zum Colle di Cravarezza. Der Cravarezza Trail bietet zig Anlieger mit relativ großen Kurvenradien, kann also sehr flüssig und schnell gefahren werden. An der Kreuzung mit der Forststraße Richtung Colla di San Giacomo beginnt der Ingegnere. Auch dieser zeichnet sich hauptsächlich durch seine Flowpassagen aus. Fahrtechnisch wirklich anspruchsvolle Stellen sind selten. Diese finden sich erst im letzten Abschnitt, der wieder über den Crestino Trail nach unten führt. Die schwierigste Stelle (S3) kann umfahren werden. Aber auch so sorgen Felspassagen für einen erhöhten Adrenalinpegel – und Endorphinausschüttungen!

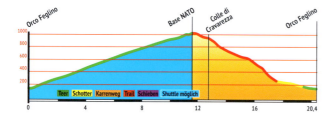

TOUR 21

LEVEL 4 ↔ 21,3 km ↑ 910 Hm ↓ 910 Hm ⏱ 03:30 h

Schwierigkeit

Kondition

Fahrtechnik

Singletrails obligatorisch
| S0 | **S1** | S2 | S3 | S4 | S5 |

Singletrails maximal
| S0 | S1 | S2 | **S3** | S4 | S5 |

Genussfaktor

Fahrspaß

Adventure

➡ Orco Feglino, 44.218 N, 8.325 O

Crestino Trail

Der Crestino Trail war lange Zeit die einzige direkte Trailverbindung zwischen der Base NATO und Orco Feglino. Mit dem Ingegnere Trail ist ihm eine ernsthafte Konkurrenz erwachsen. Dennoch zählt er, weil extrem abwechslungsreich, zu den lohnendsten Trails im Sektor.

Es war etwas ruhig geworden um diese „klassische" Abfahrt von der Base NATO. Im Vergleich mit den anderen Trails im Sektor wird der Crestino nur selten gefahren. Vielleicht liegt es ja daran, dass der Trail relativ lange über den namensgebenden Grat („Cresta" = Grat) zum Bric del Zovasso verläuft und dort auch ein paar Gegenanstiege parat hält. Auch ist die Wegfindung nicht ganz einfach. Wer also ohne Guide unterwegs ist, sollte wachen Auges fahren. Das Risiko einen Abzweig zu verpassen ist doch real. An der Qualität des Crestino liegt es jedenfalls mit Sicherheit nicht, dass er vergleichsweise wenige Freunde hat. Und das nicht erst seit dem Reshape des Trails Anfang 2015. Nach der Passage zum Colle di Cravarezza verläuft der Crestino sehr flowig und mit weiten Kurven durch den Kastanienwald zum Colla Praboè. Anfangs noch als typische Freeride-Line geschapet, folgt die Abfahrt dann bald im Großen und Ganzen einem alten Köhlerweg. Hier warten einige Hohlwegpassagen und Steinstufen, aber keine übermäßigen fahrtechnischen Schwierigkeiten (konstant S1). Erst der letzte Abschnitt hat es in sich. Die Schlüsselpassage (S3) nach dem Forstweg kann umfahren werden, aber auch so konzentrieren sich die Schwierigkeiten auf diesem Trailfinale.

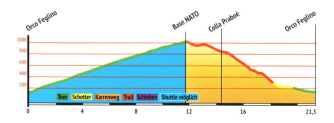

TOUR 22

LEVEL 4 ↔ 31,1 km ↑ 1460 Hm ↓ 1460 Hm ⏱ 04:30 h

Schwierigkeit

Kondition

Fahrtechnik

Singletrails obligatorisch
| S0 | **S1** | S2 | S3 | S4 | S5 |

Singletrails maximal
| S0 | S1 | **S2** | S3 | S4 | S5 |

Genussfaktor

Fahrspaß

Adventure

➡ SP23, 44.234 N, 8.296 O

Base NATO Trails

Wenn es rund um Finale Ligure ein Freeride Shuttle Revier gibt, dann ist es mit Sicherheit die Base NATO. Die Trails hier sind legendär. Als Selberkurbler zählt man hier zu einer Minderheit. Aber so what? Die Trails sind den Anstieg allemal wert.

Nun ja, wenn wir mal ehrlich sind macht es an der Base NATO schon Sinn, einen Shuttle zu buchen. Nicht nur dass der Funfaktor erheblich höher ist. Letztendlich sind es die Shuttleunternehmen, von denen die Trailpflege übernommen wird – und das weitgehend unbezahlt. Im Gegenzug deren Service in Anspruch zu nehmen ist ein fairer Deal für beide Seiten. In einen Bike-Guide vier Abfahrten zu posten ohne einen Anstieg zu liefern bringt's aber auch nicht. Wenn du die Base NATO also selbst erstrampeln willst, musst du zuerst zu der markanten Kehre self-shutteln. Achte beim Parken bitte darauf, den Shuttles nicht den Wendeplatz zu versperren. Der Anstieg zur Base hat im Mittelteil und ganz oben je ein Steilstück zu bieten, geht aber ansonsten recht gut von der Kurbel. Welchen Trail du in welcher Reihenfolge angehst ist letztlich egal. Ich habe hier die logische Reihenfolge von links nach rechts gewählt. Trails sind natürlich auch eine Geschmacksfrage. Für meinen Gusto kommen aber so die beiden besten Trails zuerst und zuletzt, ergo mit dem „Sentiero H" und dem klassischen „Base NATO". Letzterer wurde 2015 im unteren Teil modifiziert. Aber auch der „115"er und der relativ neue „Madre natura" sind den Run mehr als wert. Hau rein!

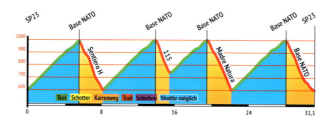

Bike Hotels Finale Ligure

5 Gründe uns zu wählen

- Leidenschaft
- Dolce Vita
- Support
- Trailbuilding
- Events

5 Gründe uns zu wählen

1 Leidenschaft
Wir kennen deine Bedürfnisse, weil wir selbst aktive Biker sind.

2 Dolce Vita
Gutes Essen, gediegenes Ambiente, Sonne, Meer

Bike Hotels Finale Ligure

3 **Bike-Support**
Bike-Garage, GPS-Tracks, Shuttles, Infos zum Trailzustand – Service aus erster Hand!

4 **Trailbuilding**
Wir tragen zur Pflege der Trails bei, wegen denen du zu uns kommst.

5 **Events**
Wir engagieren uns bei der Organisation von Bike-Events für eine lebendige Szene!

www.bikehotelsfinaleligure.it
Mit einem Aufenthalt in einem der Bike Hotels von Finale Ligure trägst du zur Pflege der Trails bei und gewinnst einen kompetenten Partner für die Organisation deines Urlaubs!
Jetzt buchen!

PIETRA LIGURE

„Pietra" heißt „Stein". Schon der Name der Ortschaft suggeriert, was beim Mountainbiken vor Ort Sache ist: Rock'n'Roll auf fahrtechnisch anspruchsvollen Singletrails.

Felsig-kernige Trails für Fahrtechnikfans

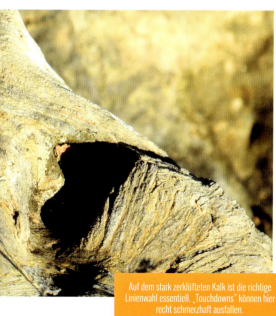

Auf dem stark zerklüfteten Kalk ist die richtige Linienwahl essentiell. „Touchdowns" können hier recht schmerzhaft ausfallen.

Finale ist Freeride. Pietra Ligure ist Mountainbike. Das ist ein wenig überspitzt formuliert, zugegeben. Und doch trifft es den Kern der Sache. Sicher ist auch rund um Finale längst nicht jeder Trail für das Biken optimiert. Doch im Normalfall lässt sich dort davon ausgehen, dass die Trails wenigstens häufig frequentiert, und dem entsprechend von Ästen, Geröll oder anderem Unbill „gesäubert" sind. Rund um Pietra Ligure ist kein einziger Trail für das Biken optimiert. Die Wege werden selten begangen und noch seltener befahren. Wer hier auf Tour geht, den erwartet sozusagen „Mountainbike pur". Und genau das ist der Reiz.

Zentrum allen Interesses ist das Gebirgsmassiv des Monte Carmo, der mit 1389 Metern Höhe den Golf rund um Pietra Ligure dominiert. Wobei, was heißt „Pietra Ligure"? Im Grunde haben wir es an diesem Teil der ligurischen Küste mit vier eigenständigen Orten zu tun, die aber bis zum jeweiligen Ortsschild heran zusammengewachsen sind. Namentlich sind dies Borgio Verezzi, Pietra Ligure, Loano und Borghetto Santo Spirito. Zwar ist Loano der größte der vier Orte, doch ist „Pietra" Ligure („Ligurischer Stein") derjenige, dessen Name am besten beschreibt was vor Ort Sache ist. Denn zwar besteht der Monte Carmo wie die meisten Berge Liguriens aus Kalksandstein, doch tritt dieser hier wesentlich deutlicher an die Oberfläche als rund um das nahe Finale Ligure. Zudem ist der Kalk hier stark verworfen und geschichtet. Auf den ausgedehnten Felsplatten die richtige Linie zu erwischen wird so

essentiell. Und für den Fall dass man diese richtige Linie einmal nicht erwischen und in eine der zahlreichen Felsspalten einfädeln sollte, sind harte Landungen leider auch relativ vorprogrammiert. Klipp und klar: Die Touren am Monte Carmo verlaufen durch abenteuerliches Terrain. Trotz der relativ niedrigen Gipfelhöhe sind die Rückzugswege weit. Mountainbiken am Monte Carmo verlangt Umsicht und alpine Erfahrung. Die hießigen Trails bilden ein echtes Kontrastprogramm zu dem, was man gemeinhin in Finale Ligure sucht und auch findet. Dass die Gangart hier anders ist, bemerkt man schon am Giogo di Giustenice. Der Passübergang zwischen Pietra Ligure und Bardineto ist der Ausgangspunkt für den Aufstieg zum Gipfel des Carmo. Hier oben lebt eine Population Wildpferde. Echte Wildpferde, die zweibeinige Eindringliche nicht allzu nahe an sich heranlassen. Die Idylle dauert allerdings nicht lange an. Schon kurz hinter der Passhöhe zwingt ein Steilaufschwung zum Schieben, wenig später ist es selbst dafür zu steil. Einen guten Teil des Gipfelanstiegs zum Monte Carmo wird

> *Ich stamme aus den Dolomiten und bin die Trails dort gewohnt. Doch der Monte Carmo hat mich umgehauen. Die Touren müssen sich vor dem Hochgebirge nicht verstecken. Technische Trails von fast 1400 Metern Höhe bis hinunter ans Meer. Dieser Berg ist ein echter Spaßgarant!*
>
> Stefano Davarda, Fassabike

Die Wildpferde am Monte Carmo sind wirklich wild. Näher als auf diesem Bild lassen sie einen auch mit Zucker in der Hand nicht an sich heran.

Weiße Wildpferde, Nebelschwaden, ein verwunschener Wald. Fehlt nur noch die Blair Witch.

man mit geschultertem Bike bewältigen müssen. Wer sich diese Plackerei für einen Tag mit Fernsicht aufhebt, wird davon aber noch lange zehren. Als einer der wenigen Küstenberge in diesem Teil Liguriens ragt der Monte Carmo bis über die Waldgrenze hinaus. Der Blick reicht über das komplette Ligurische Meer, an klaren Tagen sind die Cinque Terre und sogar die Nordspitze Korsikas zu erkennen. Ähnlich vielversprechend sind auch die Aussichten für die Abfahrt. Auf dem Gratverlauf zum Monte Ravinet und zu dessen Flanken wimmelt es von Trails. Würde eine Straße zum Gipfel des Monte Carmo hinauf führen, hätten wir es hier wohl mit einem der Freeridezentren der Gegend zu tun. Angesichts der beschwerlichen Anfahrt zum Trailhead werden diese Trails aber nur sehr selten, falls überhaupt befahren. Dennoch: alleine die Hauptverbindungen am Monte Carmo, die möglichen Varianten noch gar nicht eingerechnet, gäben auch konditionsstarken Bikern locker für eine Woche Arbeit auf.

TRAILS MIT FERNSICHT

Bombastische Fernblicke sind typisch für fast alle Touren in dieser Region. Die Trails sind allerdings anspruchsvoll und lassen kaum je locker.

Doch mal abgesehen von Quantität und Spaßfaktor sind diese Wege als kleine Dreingabe auch im historisch-kulturellen Kontext interessant. In der Schlacht von Loano am 23. und 24. November 1795 nahm der Monte Carmo eine Schlüsselposition ein. In einer Zangenbewegung umgingen die Franzosen unter Napoleon hier die Stellungen der österreichisch-piemontesischen Truppen, gelangten bis über den Colle di Melogno hinaus und kesselten den Gegner ein. Die Spuren dieser Kämpfe wurden von der Zeit weitgehend getilgt. Doch die „Strada Napoleonica" (Tour 23), die von Boissano über die Wallfahrtskirche San Pietrino bis zum Grat des Monte Ravinet führt, ist nach wie vor erhalten. Auch 220 Jahre nach der Schlacht sind ihre Trockenmauern in erstaunlich gutem Zustand.

Am Südrand des Golfs um Pietra Ligure ändert sich das Landschaftsbild nochmals. Der Gratverlauf des Monte Acuto (Tour 27) ist schon von Finale aus offensichtlich. Es ist der einzige Grat im weiten Umkreis, der direkt bis an das Meer heran reicht. Hier, wie auch im südlich daran anschließenden Kessel von Albenga, weicht der satte Laubwald einer niedrigen Vegetation aus mediterraner Macchia. Der Vorteil: auf den felsigen Touren in diesem Sektor (Touren 27 - 30) sind weite Ausblicke über das Meer garantiert. Doch Vorsicht, diese Art der Vegetation birgt auch ihre Tücken. Wenn du nicht gerade flüssig Italienisch sprichst, wird dir der Begriff „Rovi" nicht viel sagen. Nach einer Tour rund um Albenga wird er zu deinem festen Wortschatz gehören. Die mit fiesen Dornen bestückten Ranken sind leider typisch für diese Region. Oftmals lässt dieses Schmarotzergewächs eher an „Audrey II" aus „Der kleine Horrorladen" denken. Zumindest scheinen auch die omnipräsenten „Rovi" auf das Blut der Passanten aus zu sein. Das Gegengift in diesem Falle sind lange Ärmel, Schienbeinschoner und Tubeless-Bereifung, letztere gerne auch mit einer Extraportion Milch. Alternativ sollte pro Kopf ein Viererpack Ersatzschläuche und auf jeden Fall eine gute Pumpe mit ins Gepäck. Doch genug der Warnungen. So ausgestattet werden aus den Touren rund um Albenga absolut lohnende Unternehmungen. Das Highlight, zumindest für Rider mit sehr guten Fahrtechnik-Skills, ist die Tour am Monte Acuto. Der Trail verläuft flowig auf sehr hohem Niveau, lässt keinen Augenblick die Zügel locker, besticht dabei mit einem bombastischem Panorama, um direkt am Meer zu enden. It's a wild world!

INFO PIETRA LIGURE & ALBENGA

Lage und Anreise
Der Tourensektor um Pietra Ligure und Albenga schließt direkt im Süden nach dem Monte Caprazoppa an Finale Ligure an.
Anreise mit dem Auto: Wer nicht vor Ort sein Quartier aufschlagen möchte, erreicht die Touren auch von Finale Ligure aus ohne Probleme. Allerdings ist der komplette Küstenstreifen stark besiedelt, und es ist mit einem hohen Verkehrsaufkommen zu rechnen. Daher ist die Anfahrt über die Küstenstraße Via Aurelia meist sehr zeitraubend. Wer die hier beschriebenen Touren also von Finale aus ansteuern will, sollte die Autobahn nutzen.
Anreise mit dem Zug: Zwischen Genua und Ventimiglia besteht tagsüber stündlich eine Zugverbindung, der Fahrradtransport ist außerhalb des Berufsverkehrs problemlos. Die Anfahrt mit dem Zug ist eine gute Alternative.

Beste Reisezeit
Der Monte Carmo ist einer der höchsten Berge im Umkreis, sein Gipfel reicht bis auf fast 1400 m hinauf. Im Winter ist es also nicht selten, dass hier auch Schnee fällt. Allerdings sollte dieser meist bis spätestens Anfang April geschmolzen sein. Die Küstenberge um Albenga sind dagegen deutlich niedriger, Schnee hat hier Seltenheitswert. Das Biken ist hier ergo ganzjährig möglich. Ansonsten gelten dieselben Regeln wie für das gesamte Ligurien: Ab April lässt sich auf angenehme Temperaturen hoffen. Die schönste Zeit beginnt im Mai, der Hochsommer ist zu heiß zum Biken, dafür verspricht der Herbst tolles Wetter mit häufigen Inversionslagen.

Das ideale Bike
Die hier beschriebenen Touren sind allesamt fahrtechnisch anspruchsvoll. Größere Drops sind zwar keine zu erwarten, allerdings muss man sich auf fast jeder Tour auf Schiebe-, manchmal sogar Tragepassagen einstellen. Häufige enge Kehren und zerklüfteter Fels machen eine gute Linienwahl notwendig. Das ideale Bike für dieses Terrain ist leicht und wendig, etwa ein Allmountain-Fully mit 150 mm oder ein Endurobike mit 160 mm Federweg. Für die Touren um Albenga ist wegen häufiger Dornen eine Tubelessbereifung ratsam.

Shuttleservices
Im Vergleich zum nahen Finale Ligure ist die Zone um Pietra Ligure Freeride-Entwicklungsland. Eine Infrastruktur an Shuttleservices, bei denen man sich „einfach so" einklinken könnte, existiert Stand Anfang 2016 nicht. Wer am Monte Carmo shutteln möchte, benötigt zudem einen Landrover. Solltet ihr Gruppenstärke

erreichen, könnt ihr für Shuttles vor Ort den Anbieter Alpi del Mare Freeride oder die Shuttles in Finale (s. dort) kontaktieren.
- **Alpi del Mare Freeride** Tel. +39/347/489 16 07, alpidelmarefreeride@tiscali.it

Bikeshops
Es gibt vor Ort zahlreiche Bike-Läden, allerdings sind die meisten davon eher in Sachen Rennrad gut sortiert. Ersatzschläuche sollten sich problemlos finden lassen. Für ausgefallenere Ersatzteile müsst ihr aber in der Regel nach Finale ausweichen – oder diese gleich selbst vorhalten.

Landkarten
Das Terrain um den Monte Carmo inklusive des Monte Acuto ist in der sehr empfehlenswerten Karte von Fraternali Editore (Stand: Juli 2015) komplett abgedeckt. Für den Sektor östlich von Albenga gibt es keine vernünftige Papierkarte. Allerdings sind die Karten in diesem Buch präzise genug, um die Touren problemlos zu finden. Fraternali, Blatt 20 „Finalese", Maßstab 1:25.000.

Übernachtung
Vor Ort gibt es zahlreiche Hotels und Pensionen. Günstige und gut ausgestattete Ferienwohnungen aller Größen findest du unter www.renthouseinliguria.com

TOUR 23

LEVEL 4   ↔ 24,5 km   ↑ 500 Hm   ↓ 1520 Hm   ⏱ 04:30 h

Schwierigkeit

Kondition

Fahrtechnik

Singletrails obligatorisch
| S0 | S1 | **S2** | S3 | S4 | S5 |

Singletrails maximal
| S0 | S1 | S2 | **S3** | S4 | S5 |

Genussfaktor

Fahrspaß

Adventure

➥ Colle del Melogno, 44.230 N, 8.197 O

Strada Napoleonica

Eine landschaftlich herrliche und fahrtechnisch interessante Tour mit Start im Hinterland von Finale Ligure und Ziel am Meer. Allerdings sind die Trails bisweilen etwas „unaufgeräumt", so kommt man langsamer voran als man es erwarten würde.

Von den blanken Zahlen her ließe sich der Anstieg zum Colle di Melogno wohl auch noch aus eigener Kraft bewältigen. Dann hätte die Tour so knapp 1600 Höhenmeter. Wer öfter mal in den Alpen unterwegs ist, den würde das wohl kaum schrecken. Wenn du gute Beine hast, dann tu es. Der Genussfaktor auf dieser Tour wird aber ungleich höher, wenn du dich auf die Passhöhe des Colle di Melogno shutteln lässt. Vor allem kannst du die Tour so in aller Ruhe angehen, und riskierst nicht in Zeitstress zu kommen. Für die Passage vom Giogo di Giustenice nach Boissano musst du auf jeden Fall deutlich mehr Zeit einplanen als es auf der Karte den Anschein hat. Dies liegt zum Einen an der Wegsuche. Die Trailabzweige liegen manchmal etwas versteckt, was dich trotz GPS zu einer wachen Fahrweise zwingt. Die Trails selbst sind fahrtechnisch nicht außergewöhnlich anspruchsvoll. Aber sie werden selten begangen und noch seltener befahren. Geröll, Äste, vor allem aber zwei steile Tragepassagen drücken den Stundenschnitt. Allmountain-Terrain eben. Wer diesen vielleicht etwas mühseligen Stil zu biken mag, wird sich am Monte Carmo aber trotzdem ein super Erlebnis abholen. Vor allem die letzte Abfahrt über die „Strada Napoleonica" ist ein Highlight an sich.

TOUR 24

LEVEL 4 ↔ 29,1 km ↑ 1200 Hm ↓ 1200 Hm ⌚ 04:30 h

Schwierigkeit

Kondition
Fahrtechnik

Singletrails obligatorisch
S0 **S1** S2 S3 S4 S5

Singletrails maximal
S0 S1 S2 **S3** S4 S5

Genussfaktor

Fahrspaß
Adventure

➜ Loano, 44.135 N, 8.265 O

Pian delle Bosse

Wer Ruhe vor dem Trubel in Finale Ligure sucht, kann sie an der Ostflanke des Monte Carmo finden. Inklusive einer urigen Berghütte, recht wilden Trails und ganz ohne Shuttleverkehr. Wer sich die Trails nicht teilen will, muss halt selber ran ...

Der Anstieg zum Giogo di Giustenice ist lang, steil und schweißtreibend. Radioaktiv ist er zum Glück nicht. In den 50er Jahren hatte man genau das gehofft, und am Carmo eine Probebohrung nach Uran in den Fels getrieben. Für die schweren Maschinen wurde extra die Straße ausgebaut. Das Ergebnis: Nada. Außer Spesen nix gewesen. Wenigstens haben nun die Biker eine Möglichkeit gewonnen, sich dem Monte Carmo vom Meer aus anzupirschen. Trotz manchen Steilstücks und des etwas gröberen Untergrundes lohnt sich das absolut. Die Wälder des Carmo sind fast schon Urwälder. Am Giogo di Giustenice stehen die Chancen gut, den hier lebenden Wildpferden zu begegnen. Die Trails sind lohnend, aber da selten begangen auch in etwas unaufgeräumtem Zustand. Äste, Geröll, Allmountain-Style. Zum Ausgleich triffst du hier mit dem Rifugio Pian delle Bosse auf eine urgemütliche Berghütte mit tollem Ausblick, in der es sich bestens einkehren lässt. Der schwierigste Teil der Tour kommt ganz zuletzt. Der Trail unweit des Monte Ciazze Secche ist felsig und reichlich verwinkelt. Hier schnellt der Schwierigkeitsmesser kurz auf S3 hoch. Weiter unten bietet die Trailquerung Richtung Yachthafen aber umso mehr Flow, und rundet eine gelungene Tour ab.

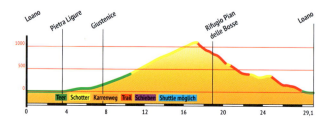

TOUR 25

LEVEL 4 ↔ 34,1 km ↑ 1350 Hm ↓ 1350 Hm ⏱ 05:30 h

Schwierigkeit

Kondition

Fahrtechnik

Singletrails obligatorisch
S0 S1 **S2** S3 S4 S5

Singletrails maximal
S0 S1 S2 **S3** S4 S5

Genussfaktor

Fahrspaß

Adventure

➡ Toirano, 44.128 N, 8.205 O

Mt. Carmo - Rio della Valle

Wenn du den Allmountain-Style magst und vor einer überschaubaren Tragepassage nicht zurückschreckst findest du hier eine Top Tour. Die Zutaten: ein langer, aber gleichmäßiger Anstieg, Mörderpanoramen und Singletrails, die dir das Wasser in die Augen treiben.

Der Giogo di Toirano ist eine Passstraße, die Rennradler lieben werden. Knapp 800 Höhenmeter geht es in sehr linearer Steigung konstant nach oben. Im Durchschnitt werden es um die sieben Prozent Anstieg sein, mehr als 10 Prozent Steigung werden nie erreicht. Als kleines Zuckerl ist die Landschaft umwerfend, genauso wie einige Ausblicke, wie man sie etwa von der Ruine der Bergdisco auf etwas mehr als halber Höhe genießen kann. Nach der Passhöhe geht es auf einer Abfolge von Forstwegen aufwärts zum Giogo di Giustenice, und nun fühlt sich das Ganze schon etwas mehr nach Arbeit an. Am Giogo beginnt der letzte (Trail-) Aufstieg zum Monte Carmo. Für etwa 15 Minuten wird man sein Bike wegen der Steilheit wohl der Einfachheit halber schultern. Wenn du den richtigen Tag erwischst, wird dich das Gipfelerlebnis aber reich für diese Plackerei entlohnen. Ebenso wie der Trail zurück zum Giogo di Toirano. Dieser bietet eine nicht enden wollende Abfolge aus Flow, gewürzt mit einigen anspruchsvollen Passagen. Dies gilt auch für die letzte Trailabfahrt im Tal des Rio della Valle. Hier geht es kurz durch das Bachbett – je nach Wasserstand und Hitzegrad Spaß oder Hindernis. Auf jeden Fall eine tolle Trailabfahrt in umwerfender Landschaft.

TOUR 26

| LEVEL 5 | ↔ 26,3 km | ↑ 890 Hm | ↓ 890 Hm | ⏱ 04:30 h |

San Pietro dei Monti

„Flow ist relativ", ließ mich einmal Bikeguide-Autorenkollege Carsten Schymik wissen. Nun, hier haben wir so eine „relativ flowige" Tour. Mit top Landschaft und top Singletrails. Allerdings auch mit top Trails der Sorte, die eine top Fahrtechnik erfordern ...

Schwierigkeit

Kondition

Fahrtechnik

Singletrails obligatorisch
| S0 | S1 | S2 | **S3** | S4 | S5 |

Singletrails maximal
| S0 | S1 | **S2** | **S3** | **S4** | S5 |

Genussfaktor

Fahrspaß

Adventure

➡ Toirano, 44.128 N, 8.205 O

Bei der Bewertung dieser Tour habe ich lange gezögert, ob ich in der Spalte „Singletrails obligatorisch" ein S2 oder S3 eintragen soll. Letztlich sind aber zwischen den beiden Kirchlein San Pietro dei Monti und San Pietrino die S3-Einzelstellen dermaßen häufig, dass die Waage in Richtung des höheren Grades ausschlug. Hand auf's Herz, wenn du S3 nicht halbwegs sicher beherrschst, wirst du kaum Flow empfinden.

Auch nicht angesichts der Tatsache, dass der Trail ab San Pietrino konstant auf S2-Niveau bleibt. Mal ganz davon abgesehen, dass du dann ein wenig deine Gesundheit riskierst. Angesichts des scharfkantigen Felsens an den Flanken des Monte Ravinet und manch ausgesetzter Passage solltest du dir Stürze tunlichst verkneifen. Wenn du den geforderten Grad aber drauf hast, erwartet dich eine Bombentour! Auf dem Weg zum höchsten Punkt sind ein paar überschaubare Schiebepassagen dabei. Von San Pietro di Monti erwartet dich ein Mörderpanorama, an schönen Tagen wird man hier bis Korsika hinüber sehen. Surprise, surprise: Die Gipfelfläche ist so weitläufig und flach, dass man hier glatt Fußball spielen könnte. Nach einem ausgiebigen Chillout geht's dann an die Abfahrt. Und die bietet, wie gesagt, relativ viel Flow. Have fun!

TOUR 27

LEVEL 5 ↔ 27,0 km ↑ 810 Hm ↓ 810 Hm ⏱ 03:45 h

Schwierigkeit

Kondition

Fahrtechnik

Singletrails obligatorisch
| S0 | S1 | S2 | **S3** | S4 | S5 |

Singletrails maximal
| S0 | S1 | S2 | **S3** | S4 | S5 |

Genussfaktor

Fahrspaß

Adventure

➡ Toirano, 44.128 N, 8.205 O

Monte Acuto

Monte Croce, Santuario, Santo Spirito. Auf dem Bergkamm hinter Toirano geht's ganz schön katholisch zu. Ob sich oben am Monte Acuto auch ein Holy Trail findet, hängt ganz vom persönlichen Fahrkönnen ab. Sollte es nicht reichen, dann Gnade dir Gott.

Augen links, bitte. Diese Tour ist konditionell nicht schwer, hat aber in den Wertungen „Fahrtechnik" und „Adventure" die volle Punktzahl. Zudem schlägt der Zeiger in Sachen Singletrails „obligatorisch" wie „maximal" auf glatt S3 aus. Will heißen: der Grad S3 wird hier auf langen Passagen erreicht und ist obligatorisch zu fahren. Zumindest, wenn du dein Bike nicht über den kompletten Grat vom Santuario di Monte Croce zum Monte Piccaro schieben willst. Im Ernst, hinterfrage deine Fähigkeiten kritisch und fahre diese Tour nur, wenn du dir bei S3 zumindest sicher bist, nicht zu stürzen. Protektoren hin oder her, bei einem Impact in dieses scharfkantige Karstgestein sind Knochenbrüche vorprogrammiert. Okay? Gut. Außerdem zählt der Holy Trail am Acuto zu den besten und flowigsten Panoramatrailtouren, die ich seit langem gefahren bin. An eine Schlüsselstelle kann ich mich bei diesem Trail nicht erinnern. Hier wartet eine einzige, permanente Schlüsselstelle. Ein Trail, bei dem man auf jedem Meter hellwach bleiben muss. Der wenn überhaupt, dann nur für kurze Stellen mal locker lässt. Gleichzeitig surft man auf einem runden Grat auf das weite Meer zu. Der Blick reicht von Elba bis Cannes, und an schönen Tagen sicher bis Korsika. Oh, wow!

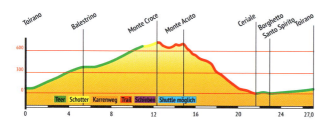

TOUR 28

LEVEL 4 ↔ 40,4 km ↑ 1200 Hm ↓ 1200 Hm ⏱ 05:30 h

Schwierigkeit

Kondition

Fahrtechnik

Singletrails obligatorisch
| S0 | S1 | **S2** | S3 | S4 | S5 |

Singletrails maximal
| S0 | S1 | S2 | **S3** | S4 | S5 |

Genussfaktor

Fahrspaß

Adventure

➦ Leca, 44.062 N, 8.179 O

Castel Ermo

Auf dem Bergrücken um das Castel Ermo und den Monte Nero wartet eine anstregende und abenteuerliche Tour. Auf dem Menü: ein langer und fordernder Anstieg, verzwickte Trails und ein fantastisches Panorama Richtung Albenga und das Meer.

Ein wenig Sitzfleisch sollte man für diese Tour schon mitbringen. Nachdem in Bezzo der erste anstrengende Aufschwung überwunden ist, folgt ein beschauliches Zwischenstück. In stetigem Auf und Ab führt die schmale Provinzstraße nach Vendone, und bietet immer wieder schöne Ausblicke über das Centatal. Kurz hinter Vendone gewinnt man auf einer breiten Forststraße recht zügig an Höhe. An der Passhöhe des Colla d'Onzo geht es zur Sache. Die letzten 150 Höhenmeter bis zur Kapelle unter dem Castel Ermo zwingen wohl jeden zum schieben. Ein abschnittsweise geröllliger, teils ausgesetzter Trail und eine weitere kurze Schiebepassage trennen dich nun noch vom Gipfelplateau des Monte Nero. Hier beginnt eine lange und genussreiche Trailabfahrt, die immer wieder tolle Blicke auf das Meer freigibt. Lediglich ein kurzer Abschnitt, in dem der Trail die Kehren eines Forstwegs schneidet, ist von Motocross-Maschinen ruiniert und daher unangenehm zu fahren. Der Forstweg selbst ist leider in genauso schlechtem Zustand. Wähle selbst zwischen Pest und Cholera. Der letzte Trail vom Forte Sabaudo beginnt sehr flowig, führt dann aber sehr direkt und steil hinunter. Hier ist S3 gefragt. Wem das zu deftig ist, fährt alternativ über den Trail aus Tour 29 ab.

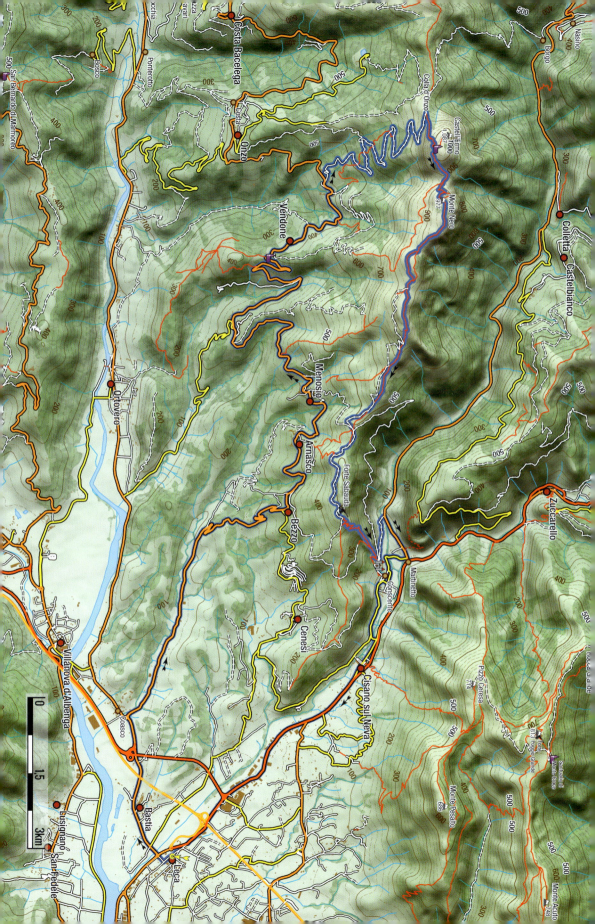

TOUR 29

LEVEL 2 ↔ 17,1 km ↑ 490 Hm ↓ 490 Hm ⏱ 02:30 h

Schwierigkeit

Kondition

Fahrtechnik

Singletrails obligatorisch
S0 **S1** S2 S3 S4 S5

Singletrails maximal
S0 S1 **S2** S3 S4 S5

Genussfaktor

Fahrspaß

Adventure

➔ Cisano sul Neva, 44.087 N, 8.144 O

Forte Sabaudo

Diese konditionell wie fahrtechnisch überschaubar anspruchsvolle Tour ist gleichzeitig mit tollen Panoramablicken gesegnet. Gleichzeitig ist diese Runde durch ihre typischen Militärwege komplett untypisch für die Region. Eine schöne Abwechslung also.

Der Höhenzug des Montenero dominiert das Tal des Fiume Centa wie die weitläufige Ebene um Albenga, und bietet gleichzeitig einen guten Ausblick in alle Richtungen. Der Grat bietet eine relativ unangreifbare Beobachtungsposition, und ist damit prädestiniert für ein Fort. Das Forte Sabaudo stammt aus der Zeit der Napoleonischen Kriege. Obwohl in dieser Gegend einige Schlachten geschlagen wurden, ist das Fort noch in recht gutem Zustand, und daher ein lohnendes Tourenziel. Für die Militärstraße, die unweit von Cisano sul Neva in zwei weiten Zacken nach oben führt, gilt dies allerdings nicht überall. Die Steigung ist moderat, doch durch manche Löcher im Pflaster fühlt sie sich nicht immer so an. Mit etwa 450 Höhenmetern ist der Anstieg aber überschaubar, so dass man sich bald zu einem Panoramapäuschen am Fort niederlegen kann. Der erste Teil der Abfahrt ist von Geländemopeds und Wasser arg mitgenommen. Der Weg ist breit wie ein Karrenweg, fährt sich aber wie ein geröliger Singletrail. Ab der 300-Meter-Linie beginnt dann allerdings ein erdiger, sehr flowiger Singletrail, der nur unterbrochen von einem kurzen Schiebestück im Gegenanstieg nach unten führt. Unter dem Strich: eine kurze, aber gleichzeitig umso genussreichere Tour.

TOUR 30

LEVEL 3 ↔ 11,3 km ↑ 360 Hm ↓ 360 Hm ⏱ 02:00 h

Schwierigkeit

Kondition

Fahrtechnik

Singletrails obligatorisch
| S0 | S1 | S2 | S3 | S4 | S5 |

Singletrails maximal
| S0 | S1 | S2 | S3 | S4 | S5 |

Genussfaktor

Fahrspaß

Adventure

➔ Ortovero, 44.054 N, 8.099 O

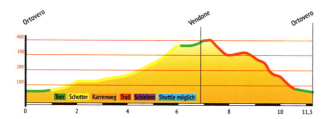

Ortovero Trails

Diese fahrtechnisch teils verzwickte, überwiegend aber genussreiche Tour im Hinterland von Albenga führt durch einen Sektor mit zig verwinkelten Trails. Der Anstieg ist zum Ende hin recht steil, die letzten 50 Höhenmeter kosten einige Körner.

Nur wegen der Ortovero Trails muss sicherlich niemand die Anfahrt nach Albenga planen. Die Tour ist kurz und alleine deswegen schon keine tagesfüllende Angelegenheit. Wer aber ohnehin schon in der Gegend ist, oder nach einer weiteren kurzen Tour noch Kraft und Lust auf ein Trailabenteuer hat, findet hier eine lohnende Möglichkeit. Unterhalb von Vendone haben sich offenbar die Motocrossfahrer der Region ihr Refugium geschaffen. Um den Gratrücken finden sich zig „wilde" Trails, die von den motorisierten Brüdern im Geiste in die Macchia geschrubbt wurden. An manch steiler Stelle bedeutet das leider, dass man als Mountainbiker zu kämpfen hat, nicht in eine der Furchen einzufädeln. Allerdings helfen die Crosser dabei, die Trails frei zu halten. Denn sicher zeigt sich die mediterrane Macchia auch hier von ihrer eher giftigen Seite. Auf Kratzer an Schienenbeinen und Ellbögen sollte man sich also geistig schon vor Aufbruch zur Tour einstellen. Was die Tour trotzdem interessant macht, sind ihre diversen Trailpassagen über stark verwitterten Fels, die zig Linien erlauben. Diese verlangen teils einige Courage. Doch der Grip der Felsplatten ist fantastisch, so dass sich abenteuerlustige Mountainbiker hier so richtig austoben können.

CALIZZANO

In den tiefen Wäldern auf der dem Meer abgewandten Seite des Colle del Melogno finden Freerider lohnende Trails. Doch auch reine Tourenfahrer finden hier ihr Revier.

Finale Ligures kalter Bruder

Einen Bikeurlaub in Calizzano verbringen zu wollen wäre bei einer Anreise von durchschnittlich acht Stunden wohl etwas zu viel des Guten. Das Tal von Calizzano und dessen Nachbarort Bardineto lässt sich nur im Kontext mit Finale Ligure betrachten. Und doch wäre es völlig verfälscht, beide Ziele in einen Topf zu werfen. Calizzano und Finale ergänzen sich und ergeben in der Summe ein wirkliches Ganzjahresrevier. Genau das wird ja oft auch von Finale Ligure behauptet. Doch spätestens in den Sommermonaten Juli und August muss man dort, wenn wir mal ehrlich sind, schon wirklich unbedingt aufs Bike steigen wollen. Schon einmal bei 35 Grad im Schatten einen Fullface-Helm übergestreift? An der Küste sind im Sommer solche und auch wesentlich höhere Temperaturen durchaus keine Seltenheit. Sicher wird das Biken dann nicht komplett unmöglich. Doch „Spaß" ist doch etwas anderes. Wenn aber während der touristischen Hochsaison an der Küste in Sachen Bike nichts mehr geht, bietet Calizzano eine mehr als valide Alternative. Tatsächlich bietet dieses Tal ein besonderes, bemerkenswert frisches Mikroklima. Warum auch immer, doch selbst in extremen Hitzeperioden ist es hier mindestens fünf Grad kühler als im Rest Liguriens. Zudem verlaufen praktisch alle Trails und Forstwege unter einem dichten Blätterdach, was die Temperaturen nochmals zusätzlich auf ein humanes Niveau drückt. Als Kehrseite der Medaille beginnt die Bikesaison hier aber eine gute Zeitlang später als im nahen Finale, und endet früher. Im Winter liegt um Calizzano und Bardineto nicht selten ein Meter Schnee, der sich in schattigen Winkeln auch länger halten kann. Vor Anfang Mai sollte man einen Abstecher nach Calizzano daher nicht ins Auge fassen. Und spätestens ab Mitte Oktober gehört als Grundausstattung zumindest eine Mikrofaserjacke unbedingt ins Tourengepäck.

Calizzano wäre die perfekte Location für einen vierten Teil von Amir Kabbanis „In the woods"

Pilze so groß wie Langspielplatten, Heidelbeeren, Kastanien. Wer die Früchte des Waldes mag, kommt in Calizzano nicht mehr zum Biken.

Trailkreationen wie der „Tobogazzo" werden per Landrover-Shuttle angesteuert und müssen sich nicht vor Finales Trails verstecken.

Doch das Mikroklima ist lediglich das Alleinstellungsmerkmal Calizzanos unter den Tourenrevieren Liguriens. Dass dieser Punkt gleich zu Beginn besonders hervorgehoben wurde bedeutet mitnichten, dass sich ein Sprung über den Colle del Melogno nur zur Hochsaison lohnen würde. Zwar sind die hiesigen Trails bedingt durch die geringeren Höhenunterschiede nur vergleichsweise kurz. Was den Fahrspaß in Calizzano angeht, müssen sie sich vor ihren Cousins in Finale Ligure aber keineswegs verstecken. Tatsächlich zeichnet Fulvio Balbi, einer der ersten und auch renommiertesten Trailbauer in Finale, zusammen mit einer Handvoll Mitstreiter auch für den Ausbau Calizzanos zum Freeride-Revier verantwortlich. Zusammen mit seinem Sozius Raffaele Corrado, dem Wirt des Agriturismo „Le Giaire" betreibt er außerdem den Shuttleservice „Alpi del Mare Freeride". Per Landrover lassen sich so, zwar nicht unbedingt bequem aber doch stressfrei, die Trailheads rund um Calizzano ansteuern. Die hauseigenen „Pistini" Trails, kombiniert mit einem typisch ligurischen Mittagsgericht und leckeren

Die tiefen Laubwälder Calizzanos könnte man glatt mit Deutschland assoziieren. Nur dass es sie dort kaum noch gibt.

Mehr als nur Freeride: Auf Calizzanos Forststraßen lassen sich „Mittelgebirgstouren" von praktisch beliebiger Länge drehen.

Trail-Kreationen wie dem „Pian Fieno" Trail oder etwa dem „Tobogazzo" ergeben ein Freeride-Menü, das durchaus nicht nur an heißen Tagen schmeckt.
Neben den gebauten Freeride Trails ist Calizzano aber auch wegen seiner übrigen Tourenmöglichkeiten interessant. Die Gegend lebt bis heute unter anderem von ihren Wäldern und dessen Produkten. Also neben der Holzwirtschaft auch von Kastanien, Pilzen oder Trüffeln.

Entsprechend sind die ausgedehnten Laubwälder bis in den hintersten Winkel von einem weiten Netz aus Forststraßen durchzogen. Wer also gerne „ganz normal" pedalieren möchte, kann hier Runden von quasi beliebiger Länge drehen. Angenehm dabei: die Anstiege sind oft deutlich weniger steil als auf der dem Meer zugewandten Seite. Besonders geeignet für diese eher „klassische" Form des Bikens mit Mittelgebirgscharakter

Calizzanos Wäder werden gepflegt und bewirtschaftet. Doch knorrige Baumriesen vermitteln ein authentisches Gefühl von Urwald.

sind die tiefen Wälder im Rücken des Monte Settepani oder auf der Hochfläche hinter dem Colle del Melogno. Und auch wenn die Touren am Monte Carmo bereits im vorhergehenden Kapitel beschrieben wurden, sind sie natürlich auch von Calizzano aus zu erreichen. Wer also als Kontrast zu dem hektischen Treiben in Finale etwas Ruhe sucht, findet sie in diesem hintersten Winkel Liguriens mit Sicherheit. Sommerfrische inklusive!

INFO CALIZZANO

Lage und Anreise
Calizzano und Bardineto liegen westlich von Finale Ligure, auf der dem Meer abgewandten Seite des Colle del Melogno. Das Tal grenzt damit an das Piemonte. Nach Süden hin schließt mit dem Giogo di Toirano der Passübergang in Richtung Loano an.
Anreise mit dem Auto: Auf der Küstenautobahn bis zur Ausfahrt Finale Ligure, dort über die Staatsstraße 490 und den Colle del Melogno nach Calizzano (26 km, 0:45 h ab Finale Ligure)
Anreise mit dem Zug: Leider nicht möglich. Calizzano ist nicht ans Zugnetz angebunden.

Beste Reisezeit
Bedingt durch das frische Klima im Talkessel von Calizzano sind hier im Winter auch größere Schneefälle nicht ungewöhnlich. Der Schnee hält sich oft bis Ende März. Die Trails werden meist erst Mitte April „aufgeräumt" und für das Biken freigegeben. Vor Mitte April macht ein Abstecher nach Calizzano also wenig Sinn. Ab Mai kann man hier aber mit guten Tourenbedingungen rechnen. Auch im Hochsommer bleiben die Temperaturen moderat. Im Herbst wird es aber wieder merklich frischer als im nahen Finale. Bis Mitte November ist das Biken möglich, danach wird es meist zu ungemütlich.

Das ideale Bike
Die für das Biken optimierten Trails vor Ort folgen dem Beispiel Finale Ligures. Sie sind folglich sehr flowig zu fahren, Drops oder verblockte Passagen sind nicht zu erwarten. Ein 29er mit 130 mm Federweg bis maximal ein 160er Enduro ist hier die richtige Wahl. Mehr als 160 mm Federweg wäre wohl mit Kanonen auf Spatzen geschossen. Die „Pedaliertouren" spielen sich hauptsächlich auf Forstwegen mit gutem Untergrund ab. Maximal ist hier mit etwas Geröll auf den Wegen, nach Niederschlägen jedoch öfter mit kurzen, schlammigen Stellen zu rechnen. Die hier beschriebenen „Mittelgebirgs"-Touren sind sämtlich auch mit einem Hardtail fahrbar, ideal wäre sicher ein 120er Tourenfully.

Shuttleservices
Da die Trails vergleichsweise kurz sind, steuern die lokalen Shuttles die Trailheads auf direktem, d.h. dem steilsten Weg an. Entsprechend ist hier ein Landrover-Shuttle vonnöten. Der Anbieter Alpi del Mare Freeride hat zwei davon. Da die Trails auch von diesem gebaut wurden und unterhalten werden, sei euch dieser Anbieter ans Herz gelegt. Alternativ bieten aber auch

diverse Shuttleunternehmen in Finale Ligure (Adressen siehe dort) Touren nach Calizzano als Tagestrip an.
- **Alpi del Mare Freeride** Tel. +39/340/326 90 03, www.alpidelmarefreeride.it

Bikeshops
Vor Ort keine vorhanden. Die nächsten gut sortierten Shops finden sich in Finale Ligure. Halte selbst eventuell benötigte Ersatz- und Verschleißteile vor.

Landkarten
Vor Ort findet sich eine recht gut brauchbare Papierkarte im Maßstab 1:10.000. Diese deckt allerdings nur einen sehr engen Raum rund um den Talkessel ab. Der Teilbereich Bardineto – Colle del Melogno – Monte Carmo ist noch durch die Fraternali Karte Blatt 20 „Finalese" im Maßstab 1:25.000 abgedeckt.

Übernachtung
Calizzano ist alles andere als touristisch. Das Angebot an Hotels, Restaurants etc. ist eingeschränkt. Empfehlenswert ist der Agriturismo Le Giaire.

Neben Zimmern und größeren Unterkünften für Gruppen finden sich dort auch Stellplätze für Camper. Außerdem kann man die gute lokale Küche genießen. Info: www.alpidelmarefreeride.it

TOUR 31

LEVEL 3   ↔ 8,3 km   ↑ 560 Hm   ↓ 560 Hm   ⏱ 02:00 h

Schwierigkeit

Kondition

Fahrtechnik

Singletrails obligatorisch
S0 **S1** S2 S3 S4 S5

Singletrails maximal
S0 **S1** S2 S3 S4 S5

Genussfaktor

Fahrspaß

Adventure

➲ Le Giaire, 44.249 N, 8.118 O

Pistini Trails

Die Pistini Trails befinden sich auf einem Privatgelände hinter dem Agriturismo Le Giaire in Calizzano, und werden oft bei Shuttletouren angefahren. Hier finden sich zwei gebaute, sehr schön geshapte Lines für den schnellen Freeride-Spaß vor dem Mittagessen.

Ein anderer hätte sich wohl Gartenzwerge in den Vorgärten gestellt. So etwas ähnliches befindet sich auch im Vorgarten von Raffaele, dem Wirt des Agriturismo Le Giaire in Calizzano und Shuttle-Unternehmer in Personalunion. Die künstlichen Uhus, Rehe und anderen Kuriositäten in Raffaeles Vorgarten sind Teil eines Bogenschützen-Parcours auf dem Gelände von Le Giaire. Für Freerider weit interessanter sind die beiden spaßigen, extra für Biker gebauten Lines. Sie tragen die Handschrift von Trailbauer Fulvio Balbi, dem Trailshaping-Vorreiter Liguriens schlechthin. Die Trails bieten sauber geshapete Anlieger mit weiten Kurvenradien, einige Wallrides und Roadgaps. Doch keine Angst, die Obstacles lassen sich alle umfahren. Zugegeben, der Anstieg zu den beiden Trailheads ist schweißtreibend. Daher werden die „Pistini" Trails im Normalfall im Rahmen einer ganztägigen Freeride-Shuttle-Tour nach Calizzano genutzt. Die Trails sind Raffaeles Versuch, den Sommertourismus anzukurbeln. Angesichts des besonderen, sehr frischen Mikroklimas um Calizzano macht das auch Sinn. Wenn euch in Finale einmal der Schweiß von der Stirn bis in die Socken laufen sollte: Calizzano und seine Pistini Trails sind ein „heißer Tipp" für solche Tage!

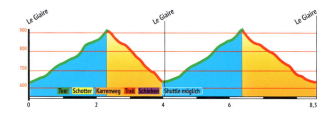

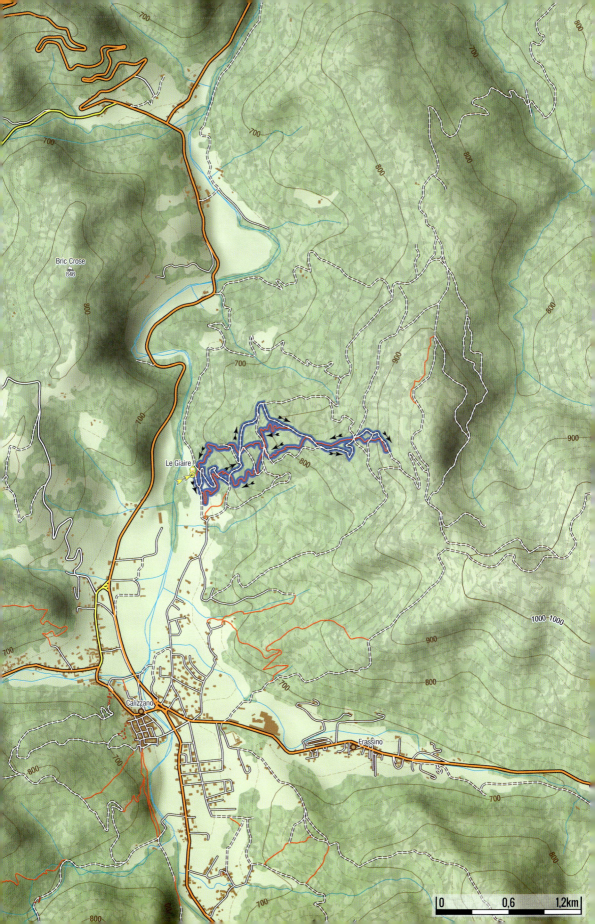

CC CROSSCOUNTRY

TOUR 32

LEVEL 3 ↔ 22,7 km ↑ 800 Hm ↓ 800 Hm ⏱ 03:00 h

Schwierigkeit

Kondition

Fahrtechnik

Singletrails obligatorisch
S0 **S1** S2 S3 S4 S5

Singletrails maximal
S0 **S1** S2 S3 S4 S5

Genussfaktor

Fahrspaß

Adventure

↪ Calizzano, 44.248 N, 8.118 O

Femmina morta

Eine schöne Crosscountry-Tour durch die schattigen Buchen- und Kastanienwälder rund um Calizzano. Fahrtechnisch relativ einfach, sieht man einmal von diversen kurzen Steilanstiegen ab. Zur Belohnung gibt's eine nette Singletrailabfahrt.

Keine Sorge, so steil wie gleich zu Beginn bleibt es nicht lange. Gleich vom Tourstart am Agriturismo Le Giare weg schraubt sich ein Jeeptrack mit teils wahrhaft atemberaubenden Steigungsprozenten nach oben. Immerhin kommst du so schnell auf Betriebstemperatur. Und das ist bei einer Tour durch die schattigen Wälder hinter Calizzano auch kein Fehler. Nach knapp 150 Höhenmetern ist das härteste Stück Arbeit getan und der Forstweg gewinnt nun weit moderater an Höhe. Am ersten Bergrücken sollte man noch einmal den Ausblick genießen. Viel Gelegenheit für weitere Fernblicke bietet die Tour zumindest im Sommer nicht mehr. Der Landschaftsgenuss liegt hier mehr in den vielen schattigen Winkeln, in Farnwäldern und moosbedeckten Felsen. Nach einer ersten kleinen Abfahrt steigt ein breiter Forstweg nun relativ konstant an bis zum höchsten Punkt der Tour kurz hinter dem Bric Femmina morta („Tote Frau"). Hier beginnt eine lange und rasante Abfahrt entlang eines Bergrückens. Fahrtechnische Schwierigkeiten sind hier keine zu erwarten. Praktisch am Kreuzungspunkt mit dem Aufstiegsweg angekommen, zweigt linkerhand ein steiler Karrenweg ab. Er führt nach kurzer Zeit zum Beginn einer langen Abfahrt mit Finale auf einem schönen Singletrail.

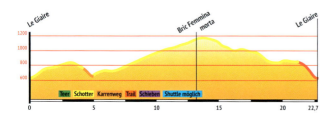

TOUR 33

LEVEL 3 ↔ 38,3 km ↑ 1000 Hm ↓ 1000 Hm ⏱ 04:00 h

Schwierigkeit

Kondition

Fahrtechnik

Singletrails obligatorisch
S0 S1 S2 S3 S4 S5

Singletrails maximal
S0 S1 S2 S3 S4 S5

Genussfaktor

Fahrspaß

Adventure

➡ Calizzano, 44.236 N, 8.116 O

Melogno Long CC

Hier erwartet dich eine ebenso lange wie genussreiche Rollertour über Karrenwege, Forst- und Militärstraßen. Die Runde ist im Grunde ideal für heiße Tage. Alle Wege führen durch dichten Wald. Außer im Talgrund wird man hier nie direkte Sonne abbekommen.

Sicher ist dieser Landstrich Liguriens vor allem für seine Freeride Trails bekannt. Aber im Ernst, wer Lust hat eine Runde zu kurbeln findet vor Ort Möglichkeiten zum Schweinefüttern. Den Reiz dieser Touren macht vor allem der tiefe Mischwald aus, der die Höhenzüge Liguriens beherrscht. Neben der allgegenwärtigen Kastanie sind dies bei dieser Tour vor allem Buchen und auch einige vereinzelte Ahörner. Angenehm im Speziellen: steile Rampen sind bei dieser Tour sehr selten. Die Anstiege verlaufen sehr konstant, so dass genug Luft bleibt, die tolle Landschaft in vollen Atemzügen zu genießen. Interessant ist die Runde auch in historischer Hinsicht. Mit gleich vier Forts aus napoleonischer Zeit ist der Colle del Melogno militärisch massivst gesichert. Für das Forte Settepani gilt das heute noch. Die Zufahrtsstraße ist mit einer Schranke abgesperrt und als militärisches Sperrgebiet ausgewiesen. Über das Sperrfort Forte Centrale stolpert man auf der Passhöhe geradezu. Wer will, kann zusätzlich einen Abstecher zu den beiden Nebenforts Forte Tortagna und Merizzo einlegen. Unweit des letzteren ist der höchste Punkt der Tour auch schon erreicht. Es geht nur noch bergab. Wer möchte, kann den Pian Fieno Trail (s. Tour 35) als kleine Variante einbauen.

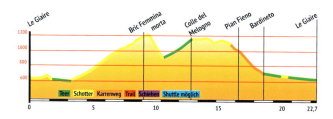

TOUR
34
LEVEL 4 ↔ 61,5 km ↑ 2070 Hm ↓ 2070 Hm ⏱ 05:30 h

Schwierigkeit

Kondition

Fahrtechnik

Singletrails obligatorisch
| S0 | **S1** | S2 | S3 | S4 | S5 |

Singletrails maximal
| S0 | S1 | **S2** | S3 | S4 | S5 |

Genussfaktor

Fahrspaß

Adventure

➡ Calizzano, 44.236 N, 8.116 O

Tobogazzo Shuttletour

Südlich von Calizzano warten drei absolut lohnende, ausgebaute Freeridetrails mittlerer Schwierigkeit. Prima für's Konditionstraining mit (Trail-)Schuss. Wer auf eine gute Work-Life-Balance Wert legt, sollte allerdings einen Shuttle in Erwägung ziehen.

Ich habe lange geknobelt, wie sich auf dieser Runde das Verhältnis von Trail zu Transfer verbessern ließe. Da die drei Trails aber in drei verschiedene Täler abfahren, ist das leider ein Ding der Unmöglichkeit. Wer seine Grundlagenausdauer trainieren möchte, mag die langen, asphaltierten Transfers auf dieser Runde vielleicht sogar als Argument empfinden. Allerdings sei gesagt, dass die Trails auch regelmäßig vom örtlichen Shuttleunternehmer angefahren werden. Letztlich ist es Geschmackssache, für welche Variante du dich entscheidest. Was die Trails selbst angeht, wird größere Einigkeit herrschen. Sie sind absolut lohnend zu fahren. Okay, eine kleine Einschränkung gibt es: Bei dem Trail Richtung Bardineto muss man sich schon ganz schön konzentrieren, um bei den Kreuzungen mit den diversen Forstraßen immer wieder den nächsten Trailhead zu erwischen. Der nach Süden führende „Tobogazzo" Trail zählt zum Ausgleich zu den Trailhighlights der Region. Die Shuttleleute werden zwar nicht müde sich für die Motocrosser zu entschuldigen, die diesen Trail ruiniert hätten, aber so dramatisch fand ich es vor Ort nun wirklich nicht. Einen schönen Abschluss bildet der Trail nach Garessio mit zig Anliegern und einem natürlichen Dirtjump.

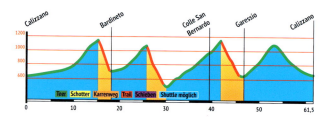

TOUR
35

LEVEL 3 ↔ 12,9 km ↑ 460 Hm ↓ 460 Hm ⏱ 01:45 h

Schwierigkeit

Kondition

Fahrtechnik

Singletrails obligatorisch
S0 **S1** S2 S3 S4 S5

Singletrails maximal
S0 S1 **S2** S3 S4 S5

Genussfaktor

Fahrspaß

Adventure

↪ Bardineto, 44.190 N, 8.128 O

Pian Fieno

Auf der Rückseite des Monte Carmo wartet ein überschaubarer Anstieg auf einer breiten, gut ausgebauten Forststraße, gefolgt von einem unterhaltsamen, nur auf kurzen Passagen etwas anspruchsvolleren Trail. Genau richtig für eine schnelle Nachmittagsrunde.

Gleich nach dem Waldrand hinter Bardineto bäumt sich die Forststraße zum Giogo di Giustenice mächtig auf. Sie folgt hier einem Flusslauf in einem recht engen Tal. Mangels Kehren pendelt sich die Steigung auf gefühlt um die 20 Prozent ein. Zum Glück bleibt dies nur für etwa 100 Höhenmeter so. Ab der 900-Meter-Marke hat die Straße ihr Einsehen und gewinnt über Kehren und mit dann MTB-freundlichen Steigungsprozenten an Höhe. Kaum ist die Kreuzung zur Straße Richtung Colle di Melogno erreicht, geht es sogar fast flach dahin und in kurzer Zeit ist höchste Punkt erreicht. Für den Trailhead zum Pian Fieno Trail muss man die Augen offen halten. Nicht selten ist der Waldboden mit Laub bedeckt, so dass der Abzweig nicht ganz offensichtlich ist – er liegt gleich zu Beginn einer großen Rechtskurve des Forstwegs. Der Trail selbst nutzt geschickt natürliche Bodenwellen und einen kleinen (Burg?) Wall für eine sehr flowige und spaßige Linienführung. Ab der Wiesenfläche des Pian Fieno folgt man ein kurzes Stück dem Forstweg bis zum zweiten Abschnitt des Trails. Auch dieser bietet viel Flow, lediglich zum Ende hin fordern kurze felsige Passagen eine etwas beherztere Fahrweise. Unter dem Strich eine kurze, aber lohnende Nachmittagstour.

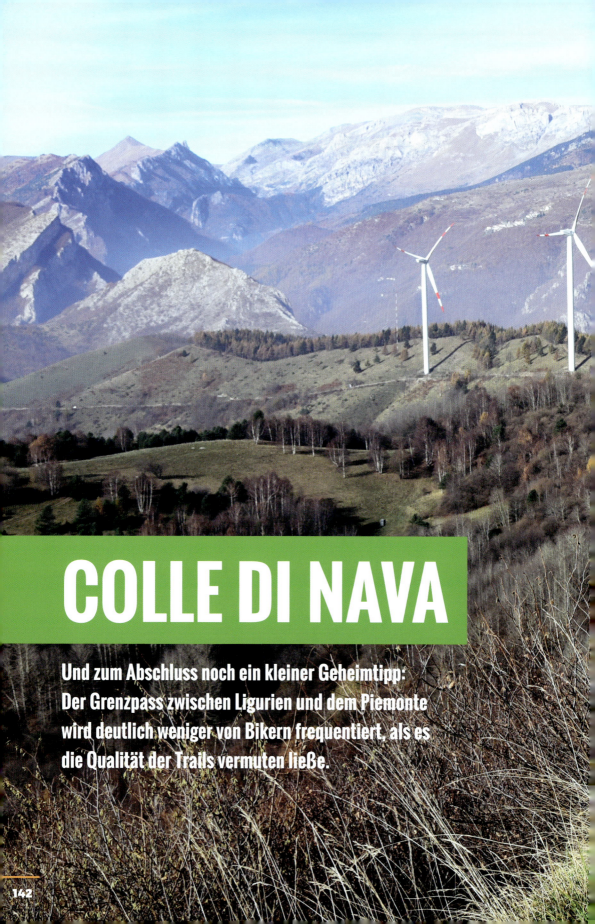

COLLE DI NAVA

Und zum Abschluss noch ein kleiner Geheimtipp: Der Grenzpass zwischen Ligurien und dem Piemonte wird deutlich weniger von Bikern frequentiert, als es die Qualität der Trails vermuten ließe.

Die Trails am Colle di Nava werden nur selten frequentiert. Doch der Weg in die Abgeschiedenheit an der Grenze zum Piemonte lohnt.

Der Colle di Nava hält mehr als der Begriff „Freeride Park" verspricht.

Die Weite im Hinterland Liguriens

Räumen wir gleich zu Beginn mit zwei potentiellen Missverständnissen auf. Zwar spielen sich die meisten der in diesem Tourenkapitel beschriebenen Runden auf ligurischem Boden ab. Jedoch markiert der Colle di Nava das Grenzgebiet zwischen Ligurien und Piemonte. Von daher ist der Einzugsbereich des „Nava Freeride Park" real deutlich größer als er hier beschrieben ist. Vor allem zählen die Trails rund um die kleine Ortschaft Ormea im Val Tanaro eindeutig dazu. Dort sind die Möglichkeiten allerdings so zahlreich, dass sie locker ein eigenes Tourenkapitel rechtfertigen würden. Und dieses Kapitel fände man, da eben komplett im Piemonte gelegen, in einem separaten, momentan noch hypothetischen Bike-Guide. Ein potentielles Missverständnis Nummer zwei birgt der Begriff „Nava Freeride Park". Tatsächlich haben vor Ort gerade einmal die „Campingplatz Trails" (Tour 36) unterhalb des Monte Ariolo entfernt Bikepark-Charakter. Was Nava-Trailpapst Angelo Viganò gemeinhin als „Park" bezeichnet ist in der Realität ein umfangreiches Tourenrevier mit überwiegend natürlichen, wenn auch sehr gut gepflegten Singletrails. Für alle die nicht tatsächlich einen Bikepark suchen wird vor Ort also mehr geboten als es den Anschein hat. Auch mal eine nette Abwechslung. Dass der Colle di Nava in der Konsequenz nicht wesentlich häufiger von Mountainbikern frequentiert wird als es der Fall ist, liegt wahrscheinlich an seiner relativen Abgeschiedenheit. Von der Küste aus ist man auch mit dem Auto eine gute Stunde unterwegs, bevor die Passhöhe auf 934 Metern über dem Meer in Sicht kommt. Das Revier geht dort aber gerade einmal los. Während auf der ligurischen Seite die umliegenden Berge eben so an der 1500-Meter-Marke kratzen, reichen die Gipfel im Piemonte, etwa der Pizzo d'Ormea, auf gut 2400 Meter hinauf. So findet sich vor Ort ein Tourenrevier mit bisweilen deutlich

Am Colle di Nava finden sich die typischen ligurischen Waldtrails. Doch oberhalb der Waldgrenze hat das Revier fast alpinen Charakter.

alpinem Charakter. Sicher hat es am Colle di Nava, wie in den gesamten ligurischen Alpen, im Winter 2015/2016 praktisch nicht geschneit. Die mögliche Bikesaison könnte im Erscheinungsjahr dieses Buchs (2016) also relativ früh beginnen. Doch immerhin finden sich im nahen Umkreis die sogar relativ umfangreichen Skigebiete „Garessio 2000" und „Prato Nevoso" (verschneite Wiese) mit zusammen gut 160 Kilometern präparierter Skipisten. Im Normalfall lässt sich vor Ort also vor Mitte April eher nicht mit einladenden Temperaturen und guten Trailbedingungen rechnen. Vor einem Aufbruch an den Colle di Nava empfiehlt es sich also unbedingt, Bike-Guide Angelo Viganò zu kontaktieren. Dies gilt natürlich umso mehr, wenn ihr die Möglichkeiten für Shuttletouren nutzen wollt. Ein Landrover oder – in Angelos Fall und bei größeren Gruppen im Einsatz – ein ausgemusterter Offroad-LKW der Carabinieri, ist zum Shutteln vor Ort tatsächlich angesagt. Das Platzangebot in den Shuttlebussen ist also relativ eingeschränkt.

Was die Trails angeht hat Angelo zusammen mit einer Handvoll Mitstreiter ganze Arbeit geleistet. Sicher sind nur wenige Trails vor Ort komplett neu für das Mountainbiking gebaut. Basis ist ein ursprünglich militärisches Wegenetz aus dem 19. Jahrhundert. Insgesamt fünf stark befestigte Forts sichern die Passhöhe. Da man in den Dreißiger Jahren eine Invasion Frankreichs fürchtete (in der Realität griff schließlich Italien im Jahr 1940 Frankreich an) blieben die Forts trotz ausbleibender Kampfhandlungen lange in Betrieb und die Verbindungswege wurden gut ausgebaut. Wie so oft profitieren also auch am Colle di Nava die Mountainbiker von der kriegerischen Paranoia vergangener Tage. Am Forte Montescio, das die westliche Flanke des Passes sichern sollte, lässt sich dies recht gut ablesen. Die beiden Trails „Carabiniere" und „Neonato" starten direkt am Fort und folgen zwei Gebirgsrücken, auf denen Vorpostenstellungen die Verteidigung der Festung sicherten. Wer nach der obligatorischen Umrundung des Forts in die Trails einsteigt, wird dafür aber wenig Augen haben. Die Trails bringen mit einem Mix aus flowigen Passagen, kurzen Steilstücken und Rockgardens sowie diversen schön geshapeten Anliegern alle

Basis vieler Touren am Colle di Nava ist ein ursprünglich militärisches Wegenetz

BIKE MEETS HISTORY

Burgen, Forts und Flow: Am Colle Nava sind nicht nur die Trails selbst interessant, sondern auch der Kontext, in dem sie sich befinden.

Zutaten mit, die zu des Freeriders innerem Gleichgewicht beitragen. In dieselbe Kehre schlagen auch die „Campingplatz Trails" (Tour 36). Relativ verspielt zirkeln sie durch den schattigen Pinienwald. wirklich anspruchsvolle Stellen sind selten. Die diversen Drops auf der „Jumpline" verlangen allerdings einiges an Courage. Ein echtes Highlight für Freunde abenteuerlicher Allmountain-Touren ist dagegen die „Montimare" getaufte Trailverbindung des Colle di Nava mit dem Meer (Tour 40). Letztlich lässt sich über Geschmack nicht streiten. Doch wer bereit ist, auch ein paar überschaubare Gegenanstiege unter den Begriff „Gravity" einzureihen, findet hier eine Tour, die allein schon die Anreise an den Colle di Nava lohnt. Auf dem Gratrücken des Monte Nero finden sich natürlich wilde und abgelegene Trails. Doch dazu vermitteln eine mittelalterliche Burgruine, ein verstecktes Bergkloster und ein Fort aus der napoleonischen Zeit Einblicke in die bewegte Geschichte der Region. Gekrönt wird die Tour natürlich durch ihr Finish. Damit ist nicht nur die sehenswerte Altstadt von Albenga mit ihren engen Gässchen gemeint, sondern vor allem der Nullpunkt der Tour am Strand und mit Blick auf die Isola Galinara. Wer zum Biken ans Meer fährt, will schließlich auch dort ankommen. Richtig?

INFO COLLE DI NAVA

Lage und Anreise
Auch wenn die eigentliche Grenze zwischen dem Piemonte und Ligurien erst nach dem Ort Ponte di Nava verläuft, markiert der Colle di Nava doch die Grenze zwischen beiden Regionen. Verkehrsader ist die Staatsstraße 28, über die man von der Provinzhauptstadt Imperia ins Val Tanaro und die Ebene vor Turin gelangt.
Anreise mit dem Auto: Von Finale aus über die Küstenautobahn bis Villanova d'Albenga. Dort weiter über die SS453 bis Muzio, dort weiter über Pornassio zum Colle di Nava (58 km, 1 h von Finale).
Anreise mit dem Zug: Theoretisch möglich, Ormea ist von Savona oder Turin bzw. Cuneo aus mit dem Zug erreichbar. Zeitraubend.

Beste Reisezeit
Die Berge auf der piemontesischen Seite des Colle di Nava ragen bis auf gut 2400 Meter auf. In normalen Wintern liegt hier viel Schnee, und es dauert etwas, bis die Trails frei sind. Ab Mitte April sollte man dort aber vernünftig biken gehen können. Direkt am Colle di Nava sind die Trails ggf. sogar schon früher frei. Die beste Reisezeit beginnt aber sicher erst ab Mai. Bedingt durch die Höhenlage lässt es sich vor Ort auch im Hochsommer gut aushalten. Der Herbst bringt oft stabile Schönwetterperioden. Bei den nicht seltenen Inversionswetterlagen blickt man dann aus strahlendem Sonnenschein auf ein riesiges Nebelmeer.

Das ideale Bike
Ein wendiges Endurobike mit 160 Millimeter Federweg ist für die Trails vor Ort sicher die ideale Wahl. Sicher lassen sich die Trails auch mit weniger Federweg fahren. Bei der ein oder anderen Steilstufe oder Rockgarden wird man sich aber über ein paar Reserven freuen. Ein Downhiller wäre sicher zu viel des Guten.

Shuttleservice & Guiding
Der ursprünglich aus Imperia stammende Angelo Viganò von „Nava Freeride" hat sich mittlerweile ganzjährig am Colle di Nava einquartiert. Er shuttelt und guidet nicht nur seine Freeride-Gäste, sondern kümmert sich auch mit seinen Mitstreitern um den Bau neuer und den Unterhalt der bestehenden Trails. Vor Ort organisiert Angelo Shuttle-Touren, auf Wunsch aber auch in Zusammenarbeit mit Shuttle-Kollegen in Calizzano und Finale ganze Freeride-Wochen mit Rundum-Service. Kontakt:
- Nava Freeride Tel. +39/333/464 37 26, www.alpidelmareoutdoor.com

Bikeshops
Es finden sich im weiten Umkreis keine Bikeshops. Wer zum Freeriden an den Colle di Nava aufbricht, sollte ausreichend Ersatzteile im Gepäck haben.

Landkarten
Empfehlenswert und recht aktuell ist die Karte von Fraternali Editore. Die meisten Freeridetrails am Colle di Nava und um Ormea sind hierauf enthalten. Die Karte ist vor Ort erhältlich. Fratenali Editore, Blatt 19 „Alta Val Tanaro", Maßstab 1:25.000, Preis 11,80 Euro.

Übernachtung & Essen
Die Region rund um den Colle di Nava ist nicht sehr touristisch. Direkt an der Passhöhe gibt es zwei relativ spartanisch ausgestattete Campingplätze. Außerdem finden sich zwischen Nava und Ormea Restaurants, Pizzerie, Bars und auch einige Hotels. Insgesamt ist das Angebot aber einigermaßen eingeschränkt. Wenn du einen mehrtägigen Aufenthalt planst, wende dich am besten an Angelo Viganò von Nava Freeride.

TOUR 36

LEVEL 3 ↔ 14,0 km ↑ 750 Hm ↓ 750 Hm ⏱ 02:30 h

Schwierigkeit

Kondition

Fahrtechnik

Singletrails obligatorisch
S0 **S1** S2 S3 S4 S5

Singletrails maximal
S0 S1 **S2** S3 S4 S5

Genussfaktor

Fahrspaß

Adventure

➡ Colle di Nava, 44.094 N, 7.873 O

Campingplatz Trails

Wer auf die Schnelle wissen möchte, was im „Freeridepark Nava" geboten ist, bekommt mit den Trails oberhalb des Campingplatzes einen prima Einblick. Gebaute Flowtrails mit Anspruch auf einer nicht unanstrengenden, aber überschaubaren Runde.

Zugegeben, der Anstieg zum Monte Ariolo hat es im oberen Teil in sich. Es warten ein paar steile Rampen, aber auch wenn du hier schiebst ist nichts verloren. Auf dem Grenzberg zwischen Ligurien und dem Piemonte erwartet dich zum Ausgleich ein toller Panoramablick. Und natürlich eine Top Trailabfahrt! Der Monte Ariolo Trail verläuft sehr flowig über den Grat. Ab der Kreuzung mit der Forststraße bieten sich zwei Möglichkeiten. Welche du zuerst nimmst, ist eigentlich egal. Rechts beginnt die teils etwas steile „Jumpline", links der „Fattoria" Trail. Letzterer bietet durchgängig Flow, im oberen Teil gewürzt mit ein paar engen Kehren. Für alle die Airtime wollen, macht die Jumpline ihrem Namen alle Ehre. Aber keine Sorge, alle Jumps können problemlos auf einer Chickenline umfahren werden. Die zweite Trailabfahrt zweigt vom Monte Ariolo Trail ab, und mündet unweit der Kapelle San Bernardo d'Armo in die Forststraße. Ein kurzes Stück weiter wartet viel Flow auf einer schönen, gebauten Line, die den Forstweg nach Trastanello kreuzt. Nach dem obligatorischen Gegenanstieg zum Trailhead von Jumpline und Fattoria kannst du dir dann noch den zweiten der beiden Trails gönnen, den du beim ersten Mal noch nicht gefahren bist. Viel Spaß!

TOUR 37

LEVEL 4 ↔ 24,9 km ↑ 1290 Hm ↓ 1290 Hm ⏱ 04:00 h

Schwierigkeit

Kondition

Fahrtechnik

Singletrails obligatorisch
S0 S1 **S2** S3 S4 S5

Singletrails maximal
S0 S1 S2 **S3** S4 S5

Genussfaktor

Fahrspaß

Adventure

➡ Colle di Nava, 44.094 N, 7.873 O

Carabiniere & Neonato

Das Forte Montescio oberhalb von Nava ist Ausgangspunkt für zwei der besten Trails im Sektor. Sie bieten genau die richtige Mischung aus gebauter Line und Naturtrail, Flow und anspruchsvollen Stellen auf die Endurofahrer abfahren.

Die geteerte Anfahrt auf der Straße von Nava nach San Bernardo fällt unter die Kategorie „Fleißarbeit". Sie ist nie zu steil und lässt sich gut pedalieren. Aber zusammen mit der Militärstraße zum Forte Montescio sind es eben doch gut 500 Höhenmeter. Und dieser Abschnitt will zweimal gekurbelt werden. Teile dir die Kräfte also gut ein und lasse es ruhig angehen. Die Trails starten direkt an dem sehr gut erhaltenen Fort. Der etwas weiter westlich gelegene „Neonato" Trail ist der anspruchsvollere der beiden. Hier warten diverse Kehren im Steilgelände. Manches Gefälle wird aber auch in direkter Linie genommen. Hier sind ein wenig Courage und, angesichts des lockeren Waldbodens, ein gut dosierender Bremsfinger gefragt. Auf knapp der Hälfte des Trails sorgen zudem kurze Felspassagen für einen erhöhten Adrenalinpegel. Der „Carabiniere" Trail verspricht dagegen Flow pur. Er führt im oberen Teil über den östlichen Bergrücken hinunter, der eine wesentlich flachere Topographie aufweist. Nach der Kreuzung mit der Straße wird es zwar steiler, dank zahlreicher Kehren bleibt das Gefälle des Trails aber moderat. Dies zumindest, wenn man im unteren Teil die rechte von zwei möglichen Varianten wählt. Die linke braucht eine Portion Draufgängertum.

TOUR 38

LEVEL 4 ↔ 37,2 km ↑ 1140 Hm ↓ 2400 Hm ⏱ 04:30 h

Schwierigkeit

Kondition

Fahrtechnik

Singletrails obligatorisch
S0 **S1 S2** S3 S4 S5

Singletrails maximal
S0 S1 S2 **S3** S4 S5

Genussfaktor

Fahrspaß

Adventure

➡ Colle di Nava, 44.094 N, 7.873 O

Bric Castagnino

Zwei kräftige Anstiege, tolle Panoramablicke und zwei auf hohem Niveau flowige Trails sind auf dieser Tour geboten. Allerdings auch ein relativ hoher Asphaltanteil. Wer sich daran stört, steigt in den Shuttle. Die Qualität der Trails macht diesen Schönheitsfehler aber wett.

Der Name dieser Tour ist eigentlich ein wenig irreführend. Schließlich spielt sich nur der „Rientro" Trail im ersten Teil der Runde am Bric Castagnino ab. Da Kastanienwälder aber auch für den zweiten Abschnitt stilbildend sind, musste der Name des Grenzberges eben für die gesamte Tour herhalten. Von Nava aus kurbelt es sich auf einer geschotterten Straße recht konstant nach oben. Lediglich der letzte Teil kurz vor dem Passo di Prale verlangt mit steilen Rampen etwas mehr Einsatz. Von der Passhöhe weg zieht dann ein flowiger Wiesentrail parallel zum Aufstiegsweg bis zu einer Gratsenke am Bric Castagnino. Hier wie auch im ersten Abschnitt der Abfahrt ins Piemonte sind keine nennenswerten Schwierigkeiten zu erwarten. Erst weiter unten erhöhen einige erdige, bei Feuchtigkeit etwas unangenehm zu fahrende Steilstufen den Schwierigkeitsgrad. Nach dem zweiten Anstieg wartet der „Minazzi" Trail. Der Untergrund ist felsig mit kurzen Steilstufen und engen Kehren, und es finden sich ein paar Wallrides. Blind vertrauen sollte man diesen Holzkonstruktionen nicht. Dies ist kein Bikepark, und sie haben schon ein paar Jahre auf dem Buckel. Das ein oder andere morsche Brett könnte sich also finden. Trotzdem ein top Trail der kurzweiligen Sorte.

TOUR 39

LEVEL 3 ↔ 24,4 km ↑ 880 Hm ↓ 880 Hm ⏱ 04:00 h

Schwierigkeit

Kondition

Fahrtechnik

Singletrails obligatorisch
| S0 | S1 | S2 | S3 | S4 | S5 |

Singletrails maximal
| S0 | S1 | S2 | S3 | S4 | S5 |

Genussfaktor

Fahrspaß

Adventure

Ponte di Nava, 44.118 N, 7.867 O

Croce dei Gasti

Hinter Ponte di Nava machen die See-„Alpen" ihrem Namen dann plötzlich Ehre. Die Berge reichen auf deutlich über 2000 Meter hinauf, und es finden sich auch Trails über der Waldgrenze. Besser noch, es finden sich gute und flowige Trails, wie hier am Croce dei Gasti.

Zugegeben, diese Tour liegt als einzige in diesem Buch komplett im Piemonte, und hat daher mit „Liguria Trails" herzlich wenig zu tun. Aber Hand aufs Herz, der Trail vom Croce dei Gasti ist zu gut, um ihn nur deswegen außen vor zu lassen! Vor allem zählt er zu den Trails in diesem Kapitel, die am fluffigsten zu fahren sind. Grund genug also, die Grenzen der Geographie in diesem Falle etwas weiter zu ziehen. Nochmals zugegeben ist der Anstieg recht lang. Die asphaltierte Straße bis Quarzina geht noch recht entspannt vom Pedal. Nach dem Ort verlangt eine teils grobe Schotterstraße aber doch Einsatz. Der Trailabzweig ist alles andere als offensichtlich. Das Wetterkreuz ist noch nicht sichtbar, der Trail ist hier noch eine Wiese mit nur undeutlichen Spuren und es findet sich kein Orientierungspunkt. Ist der Trailhead dank GPS aber erst einmal gefunden, kann man nicht mehr viel falsch machen. Die erste Sektion oberhalb der Baumgrenze zieht sehr flowig durch mit Steinen durchsetztes Almgelände. Im Mittelteil folgt ein etwas breiterer Trail mit kurzen Stufen und kleinen Absätzen. Erst der dritte Trail nach dem Forstwegintermezzo wartet auch mit etwas anspruchsvolleren Stellen auf, die teils ein wenig ausgesetzt verlaufen. Nichts dramatisches, aber sehr euch vor!

AM ALLMOUNTAIN

TOUR 40

LEVEL 4 ↔ 44,5 km ↑ 1120 Hm ↓ 2030 Hm ⏱ 05:30 h

Schwierigkeit

Kondition

Fahrtechnik

Singletrails obligatorisch
S0 **S1 S2** S3 S4 S5

Singletrails maximal
S0 S1 S2 **S3** S4 S5

Genussfaktor

Fahrspaß

Adventure

➡ Colle di Nava, 44.094 N, 7.873 O

Monti-Mare Albenga

Wer am Meer biken geht will auch Touren fahren die genau dort enden, richtig? Voilà! Dieser „Monti-Mare" folgt dem Gebirgskamm von Castel Ermo und Monte Nero bis Albenga, um dort an der Mündung des Fiume Centa zu enden. Dazwischen: Abenteuer pur!

First things first: packt euch für diese Tour ausreichend Wasser und Tourproviant in den Rucksack. Unterwegs finden sich weder Einkehrmöglichkeiten noch Quellen. Ach ja, und so du nicht ohnehin bereits auf Tubeless umgestiegen bist, können ein paar Schläuche zusätzlich auch nicht schaden. Die ziemlich bissig-dornige „Albenga-Macchia" gedeiht leider auch hier. Damit wären die Gegenargumente zu dieser Tour aber auch schon genannt. Die Pros: Eine tolle Tour mit hohem Trailanteil auf einem wilden und einsamen Bergkamm. Und als Zuckerl gibt's tolle Panoramen oben drauf. Dass man auf dieser Tour viel Spaß haben kann, wird schon am höchsten Punkt, dem Colle di Caprauna klar. In einer Kombination aus schönen Flowtrails, unterbrochen nur von einem kleinen geschotterten Gegenanstieg, gehen die ersten 500 Negativ-Höhenmeter im Flug vorbei. Der Gegenanstieg über das Castello d'Aquila bis zum Castel'Ermo zieht sich da schon etwas mehr. Zum Ausgleich wartet ab dem Monte Nero eine tolle, wenn auch mit ein paar unangenehmen Stellen gewürzte Trailabfahrt (s. Tour 28). Auch der Trail vom Forte Sabaudo bringt viel Spaß (s. Tour 29). Nur die letzten zehn Kilometer auf Asphalt haben noch Luft nach oben. Aber bei diesem Ziel …

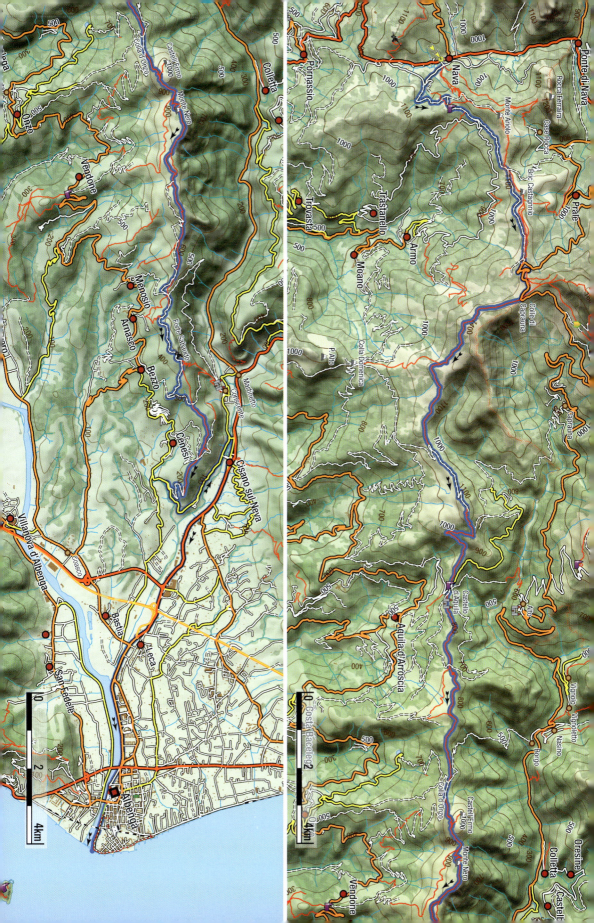

DIE TRAILS!BOOKS
www.trails.de/trailsbooks

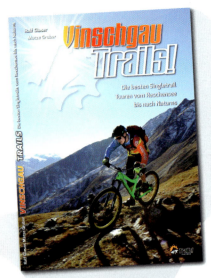

VINSCHGAU TRAILS!

Die 33 besten Singletrail-Touren vom Meraner Land zum Reschensee. Komplett mit GPS-Daten zum Download und Roadmaps im Maßstab 1:50.000.
Erschienen im Juli 2015

DYNAMITE TRAILS!

66 Mountainbike Touren entlang der Front des Gebirgskrieges im Ersten Weltkrieg - von den Sextener Dolomiten bis zum Ortler. Komplett mit GPS-Tracks zum Download und Karten im Maßstab 1:50.000.
Erschienen 2012 & 2013

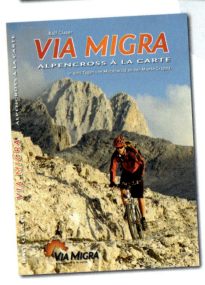

VIA MIGRA

Alpencross à la carte: in acht Tagesetappen von Mittenwald zum Monte Grappa.
Erschienen 2010

www.trails.de/trailsbooks